孩子的人生成長痛，小說有解

用好故事陪孩子走過徬徨時刻

羅怡君——著

【推薦序】讓孩子提前預「感」成長痛

彭菊仙

我非常喜歡怡君這本書，因爲我可以同時感受到專屬於怡君的強烈個人魅力、教養魅力與文字魅力。她長期海量又多元閱讀的涵養，讓她有著不被框架的深度思考力道，以及率真不矯飾的眞摯表達。

而這股個人魅力理所當然形塑出屬於她獨樹一幟的教養風格，從平日關注她的動態中，我看到她的女兒果眞如她，是一個非常熱愛並善於哲思的聰慧孩子！我想，這是因爲做爲母親的她絕不設框架，善於欣賞甚至鼓勵孩子天馬行空的大膽演繹自己的想法。

我很早就在各家鳴放的親職作家中，注意到怡君特別善於引導孩子思辨的鮮明風格，而這本書，無疑的，她把此等天賦發揮到極致。

怡君在這本書裡把孩子進入前青春期之後可能需要的成長養分，以及可能會遇上的掙扎困境，勾勒出一個個情境或主題，比如人際排擠、說謊、犯錯、遇到挫折、網路成癮、冒險、離家出走等，她信手拈來，就把一本本扣緊主題的小說順勢托出，精闢又不爆雷的敘述在在令人蠢蠢欲動。

我覺得勾引出讀者潛伏在內心的閱讀蟲，是一個撰寫閱讀引導書籍的作者必須有的基本功力，怡君眞正令我折服的是，在娓娓敘述小說人物可能代表的人生樣本時，她始終有辦法留給孩子最大程度的思考空間。我嗅不到任何一絲她想要偷渡給孩子的主觀價值，更遑論感受到說服、說教的口吻與意圖，這確實大大有別於其他閱讀引導書籍意欲主導既定價值觀念的窠臼，是很多作者難以實踐的境界。

我想這和怡君少年成長歷程頗有關聯，她自承在成長過程中，當她很煩的時候，不太習慣向爸媽傾訴，朋友也不懂她，於是選擇在一個個小說情境中投射自我，在一個個不同角色的不同選擇中體驗百種人生，而這過程，便逐步養成了她熱衷思考、演繹因果、自我治癒、練習選擇的習慣。

如今成為母親，透過少年小說，我想怡君時不時又回到少年的自己，因爲曾經在小說裡眞眞實實走過青春掙扎，深知這自我蛻變的歷程唯有透過大量的自我思考與自我對話可以達成，於是，儘可能不去驚擾少年讀者們順著故事情節所萌發的思考種子，更不評價他們自由鳴放的價值與看法。

透過「給孩子的思考讀書會」這個單元，我更看到怡君把閱讀思考主權完整交給孩子的誠心與用心，每一個問題的設計都相當程度地能引導孩子踏入從未涉獵的思考領地，且絕對能帶動一整個團體熱切地討論與答辯。果眞，在特別框出的「孩子的延伸對話」單元，我看到孩子有好多超乎大人想像的獨特見解與發問，或創新、或細膩、或討喜、或同理、或有理論根據，我想這一堂堂的小說讀書會，眞能讓孩子提前預「感」了青春的成長痛，若眞正的考驗來臨時，我相信已養成思考習慣的少年們絕對多了幾分篤定。

我知道怡君本身非常投入於帶領孩子的讀書會，博學敏慧的她當然是最佳導讀者，但再怎麼樣就是只有一個羅怡君，所幸，她所提供的豐富書單、以及給大人的閱讀預備、用心列舉的一個個好問題，讓這本書成了她無數個複製分身。手握此書，就可展開最精采、最有深度的親子共讀與對話，或是帶動一個個精采無比的少年讀書會！我大力推薦給孩子將邁入前青春期的爸媽師長。

（本文作者爲知名親子作家）

【自序】小說，其實是寫給不愛念書的人

寫一本介紹少年小說有多好看、有什麼意義的書，乍聽之下有點蠢，因爲愛閱讀的孩子自然不會放過小說，不愛念書的大人小孩大概也沒機會看到這本，那爲什麼還要寫呢？

事實上，「念書」和「閱讀」是兩回事，很多大人不把小說當作「書」，才產生了這種雞同鴨講的假議題。

小說，是寫給熱愛生命的人，讓他們在閱讀的同時，能夠有機會遭遇困境挫折、感受痛苦歡樂，讓他們能與世界連結，認眞度過每一分一秒；若只是專注在「念書」，小說的內容就會顯得「無用」，或被稱作「無病呻吟」。

我從小就是個討厭念書的小孩，偏偏考試卻考得不錯，這種典型的人生悲劇，讓

我變成別人眼中的好學生。只有我爸媽知道，我滿腦子都是「如何才能花最少時間在課本上？」長大後別人才終於發現，其實我腦袋空空、沒裝任何知識的事實；但在大家眼裡，我絕對是個愛閱讀的小孩。

每當我很煩很悶的時候，我不太習慣向爸媽傾訴，認爲朋友可能也不太懂我，所以我的解決之道，就是去找一本很厚的小說來陪自己。

對我而言，小說是取代計時器、日曆、沙漏……任何能計算時間的另類度量衡。越厚的小說代表我讀完需要的時間越久，而這，也是我允許自己逃離現實的長度。藏在書裡可以隔絕大人的嘮叨或關心，只有我可以決定「好起來」的速度。

走進書店，書名和書封會自動對應到你的潛意識裡，每次我都依賴著大腦非理性的神祕運算，引領著我到某本小說面前，遇見命定的治癒文。

習慣了小說這位保母，長大當媽後，我仍然繼續依賴著它。爲了重新憶起自己當小孩的模樣和心境，我開始探索少年小說的領域，並沉浸其中。

我彷佛過著平行時空的生活，大部分時間是繞著孩子轉的行星媽媽，但一打開書，我又遇見當年那位好強、負能量破表的自己。透過閱讀小說，我像是擁有了俯視的全知觀點，能重新檢視一遍：爲何我是現在的我？而我又有什麼改變了？

人生很多時候是這樣：你知道該怎麼做但做不到、想改變現況卻無能爲力、需要時間但偏偏必須立刻打起精神、覺得沒有人了解你的感受……這些聽起來很熟悉的情節，在大人世界裡叫做「變成熟的必要歷練」。

事實上，這也可能是種自我安慰的說法，以掩飾大人束手就擒的窩囊感；特別是現代社會進化速度奇快，打從出生就屬於數位世界的孩子，他們面臨的困境與議題早就跟大人大相逕庭。

《生活是頭安靜的獸》，初生之犢的青少年可不怕虎。靠著那股專屬青春的氣勢，孩子們多半選擇直接「開戰」對決；但也有些孩子因爲大人的介入和評斷，越來越早失血無力、棄械臣服，選擇不戰而逃。

小說就在此時，像永遠不老的保母包萍再次施展魔力。

讀完少年小說，我漸漸恢復與孩子平高的視角，心態上的回春，讓我連說話都變得有些「幼稚」。

除去上對下的姿態、少了「人生先知」的無聊呆板，我彷彿突然擁有某種和孩子們對話的超能力。我更容易貼近他們，不必開口，也大略能懂孩子心底眞正的ＯＳ想說什麼。

身為一個母親的我，並不想故作輕鬆、賣弄經驗，而是想與孩子站在同一陣線，挺住正在經歷風雨的勇敢靈魂。

每當有機會到國外書店，我總愛偷偷溜到標示著YA（Young Adults）那一區，戴著帽子、低著頭，深怕被身旁少男少女們發現。

我暗自吸取著書架上各類最潮的話題、最新發明的單字，有時也偷聽他們之間的談話。年輕人總愛用那不可一世又故做輕鬆的語調，隨意提起心中最在意的煩惱、或剛幹完的壞事。這群被特別獨立出來的YA，正是最愛說「耶」、巴不得每天都宣讀獨立宣言的族群，也是最積極展現生命力、最熱愛嘗試的一個階段。

在這本書裡，我做了個大膽嘗試，將少年小說裡常見的重要元素提煉出來。這些著名的經典小說裡，橫跨世代的共通之處，正是描寫出身而為人的重要關卡。

日本心理學家河合隼雄在《孩子與惡》書中曾說：「自我實現的萌芽，時常是以惡的型態顯現的。」小說情節裡所描述的好壞念頭或行為，才能造就所謂的獨一無二。

說來有些矛盾，成長應該是令人慶賀的開心事，在小說裡卻常以悲傷故事呈現，我想那正是小說的最高價值：每個故事集結著每個人一點點的考驗和傷口，像是虛擬卻如此眞實。

它能給你一個機會去思考，當自己在那樣的時候會有什麼反應？然後當現實生活中，眞正的考驗來臨時，你才有能力去做更好的選擇。

因爲讀小說，我更熱愛自己的生命，也更看重自己。

不論你或你的孩子喜不喜歡念書，只要你們願意走進書店，拿起一本與自己呼應的小說，我相信你們會驚喜地發現，小說眞的不是一本書，而是一個能懂你的知心好友。

目錄

第一章　閱讀的第一現場，大人小孩不一樣

第二章 這些過程，是孩子成長的重要養分

第三章　用閱讀打暗號，從共讀中培養溝通默契

第一章

閱讀的第一現場，大人小孩不一樣

父母有問題

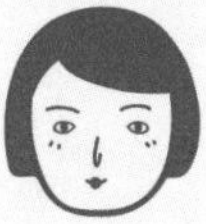

孩子不愛閱讀怎麼辦？

雖然學校大力提倡閱讀，
但想想大人不讀書也還過得去，
若非考試還是得應用閱讀和寫作能力，
實在不能體會閱讀帶來的樂趣或意義。
現在打開電視和手機，
資訊到處都是，難道真的非閱讀不可嗎？

書中沒有黃金屋，到底幹嘛要閱讀？

試想到異國旅行時，放眼所見都是看不懂的文字，打開電視也不知所云。幾天後的你，也許能猜得出幾句基本生活對話，但就算融入當地迅速學會聽和說，仍然是個「文盲」，周遭環境的訊息依然是終極密碼：地標、告示牌、票券、地圖……這個時候，我們才可能驚覺原來「閱讀」不只是「讀書」而已。

一個孩子學了注音，逐漸識字之後，彷彿像開了「天眼」一般，開始接受整個環境爆炸性的「資訊量」，例如：在捷運出口看到披彩虹旗的志工奮力發放傳單，在餐廳裡看見支持用台灣之名出賽東奧的連署海報，電視裡總統候選人精采的口水新聞，小吃店桌上放著附近店家的廣告面紙。連爺爺隨意翻看的農民曆，看起來都好有趣！

這些「天然天眼」可沒有加裝「過濾器」，不管看到了什麼，都會被照單全收到腦袋裡。而孩子又是怎麼解讀這些資訊的呢？

一說到閱讀，有些孩子立刻沉下臉來，想到書就無精打采。閱讀能開拓視野、啓發心靈？拜託不要化身爲學習單來煩人就好了！更別提大人說的什麼黃金屋顏如玉，趕快長大去打工比較實在。

不過，若是拿生活裡的話題跟孩子「開聊」，問問他們的意見，那可是比榕樹下阿公開講還要精采。

有天晚上我們母女去吃晚餐，正逢縣市長選舉，妹妹邊看著餐廳裡的電視新聞邊發表高見：「誰規定幾歲可以投票？爲什麼小孩不能投票？誰當市長也會影響小孩啊！」畢竟早上幾點上學、要不要寫寒假作業這些事，可是攸關小孩每天日子好不好過。

「欸，老實說，小孩還在學認字單詞，生活經驗也還在累積，有很多事情沒辦法完全理解，的確還沒有足夠能力判斷，這樣要怎麼投票選市長？」妹妹聽完很不服氣，畢竟讀完整張選舉公報對小學五年級的她來說並不太難，她立刻要我舉出哪些是「小孩還不懂」的事情，於是我舉出一些專有名詞爲例。

「那幾歲就聽得懂？每一個老人都知道嗎？長到20歲就一定懂嗎？那爲什麼年紀

到了就可以投票？」妹妹不放棄的追問。

這當然是個好問題，可惜我還沒想好如何回答，嘴裡的牛肉又這麼滑嫩順口，無法幫我拖延太久時間。

幸好妹妹又開口：「那大人可以協助我們了解思考啊，這樣小孩不就可以投票了嗎？」

這題我就會了！當然不是這樣！

「妹妹，思考是可以被協助的嗎？難道大人的協助不會影響你嗎？你怎麼確定你已經知道所有的事情了呢？或是協助你的那個人有沒有說錯呢？」我們之間突然沉默了下來，我知道我們都在想。

「嗯，那我要怎麼自己思考？」小茱被我們一筷一筷分完，妹妹打破沉默。

「你現在不就正在思考嗎？我們從頭來一次，想想為什麼你會提出第一個問題？」

「因為剛看到報紙上寫要投票，然後電視上一堆人罵來罵去，覺得大人好像也沒有很能幹，為什麼小孩不能投票選好一點的人？」妹妹回憶著。

「你為什麼知道這些資訊？路邊阿伯跟你聊天的嗎？」我繼續問。

「就說我自己『看』的咩，你剛剛都沒在聽！」

沒錯，我要的就是這個答案。

「你爲什麼看得懂？是因爲你認識字吧？所以才不必靠別人就能知道事情。同樣的道理，你想想看自己如何思考？別人告訴你的話只能代表他個人的經驗和看法，你知道些什麼決定於你碰到誰，這不就是靠運氣嗎？如果只是用聽說的，你一定會被影響，只有閱讀才能讓你自己決定要看什麼、去找什麼資料、進而決定腦袋怎麼想。」我暫時做出一個小小結論。

後來我們又提到每個國家訂定的投票年齡都不一樣，台灣立法院曾有想要下修投票權與選舉權的年紀，不過沒有成功等等；不過妹妹最喜歡的，還是奧修書裡的說法：如果白宮和克里姆林宮裡分別是兩隻猴子當總統，說不定這世界就不會這麼麻煩了。

每個人都有基本的閱讀能力，讀書能開啓更多思考的連結通道，且不受限於別人的框架與詮釋；而深一層的意義，則是可以讓你拿回自己人生的主導權。

一本書會把自己帶往下一本書，一句標語能抓到一個關鍵字……閱讀能孩子啓動如心智圖似的思考旅程。

父母有問題

看不清孩子的內心怎麼辦？

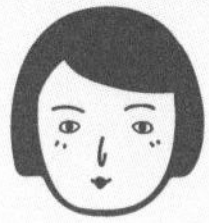

當孩子逐漸長大，
也會開始懂得「趨吉避凶」的生存之道。
爸媽們覺得越來越不了解孩子，
彷彿他們每多了一歲，
就多了很多不想跟爸媽說的祕密；
或從別人口中聽到的孩子，
好像跟自己在一起的感覺不太一樣……

小說給我「降敏訓練」，才不會隨時拉警報

回想一下，當孩子開始一人獨睡、漸漸長大後，你有多久沒看著他們熟睡的臉蛋了？

妹妹升上五年級之後，主動取消每個月跟我睡一晚的慣例，從那天起，倒是換成我半夜偷偷潛進她的房間，看看那張覺得有點陌生的臉——明明每天都相處在一起，卻還是有我不熟悉的部分。

那是一種無法全盤了解所帶來的不安，而不安又容易衍生懷疑、萌發控制欲望。但孩子早就是獨立個體，哪個人是完全透明的呢？我奮力搖搖頭，想把這些惡魔甩出腦袋。

靠著一些小動作，我們避開了世界末日。

——尼爾．蓋曼

尼爾．蓋曼的短篇小說集《煙與鏡》裡的一句話，讓我會心一笑。對啊，一個母親的恐懼不安，對孩子或家庭來說真的像極了世界末日。

寫到這裡你應該猜得出來，我又去找青少年小說「治療安撫」自己。

第一本摸到的是經典青少年小說《神啊！你在嗎？》書中才六年級的女主角被拉進公布隱私話題的「祕密社團」裡，還跟同學玩「轉寶特瓶親嘴遊戲」……甚至談到「天體營」的話題！

不管你相不相信，我是真的感受到「神蹟」降臨。

妹妹跟朋友在外過夜時，晚上串門子的活動就是保特瓶真心話大冒險；最近班上流行成立「家族」，幾個小女生扮演不同家庭角色，讓我有點摸不著頭緒；前一陣子我查閱YOUTUBE搜尋紀錄，赫然發現她也查過天體營，真不敢相信她從哪裡學來這個詞彙……

其實，這才是青少年關心的事。

我家的女兒是「正常」的孩子！沒有變壞、沒有走歪、沒有做什麼見不得人的壞事。嘿！放輕鬆，我這個「沒見過世面」的媽看完這本小說，也不禁學著書中主角向神道謝。

第二本我選擇重看《極度天眞》。

這本書被譽爲「北歐版的麥田捕手」，文字簡單輕快，描述的卻是青少年心中一片混沌。

我對於當年自己怎麼「摸石過河」長大的過程早已印象模糊，因此對孩子心中開始對世界萬物產生懷疑的心情特別好奇，此時他們的外在行爲表現又是什麼呢？是停頓。

不特意學習，也不特意做什麼活動或聚會，若非書中描寫主角心中大量的自我對話，我們看到的表象就是一整天閒晃瞎混。

正如書中主角有時會重複動作、觀察周遭人事物細節，這些「無產出結果」的活動，唯有在小說裡我們得以明白，那些可能令父母著急的「空白」，其實內含豐富的心智訓練：

我沒有任何計畫。
那種一切毫無意義的感覺還在。
絲毫沒有想振作的感覺。
我把步調徹底放慢。直接歸零。
我想我必須從頭開始。但人是怎麼從頭開始的？

——《極度天真》

尋找這個問題答案的方法，是發問。
書中主角在旅行時訪問路人，對他們來說什麼是有意義的？有人說愛，有人說家人，有人說錢，有人說不知道……
現實生活中，我們會因爲他人的發問而停下思考，但當自己的孩子發問：「爲什麼一定要上學？」「爲什麼一定要聽話」時，我們第一時間的反應是擔心、是急躁，而非欣喜孩子覺察意義、看重自己的人生，才能有這些人生大哉問。
隨著小說發展，我也逐漸做好準備。千萬別把孩子的發問視爲挑戰權威，或是反抗現況的負面解讀，以爲孩子不再與自己親近。

透過小說，我心中的失落平復許多。生活裡不斷衝突的瑣事，透過小說給予的豐富情境，不再成爲爸媽警報大作的「過敏源」，也提醒了我別再誤讀這些成長的風景，即使這些風景看起來並不壯麗、即使孩子看起來「不再可愛」，但他們本來就不應該、也不能只是可愛而已。

父母有問題

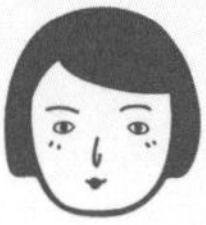

孩子閱讀偏食怎麼辦？

孩子對文學小說敬謝不敏，
目前只想閱讀某些類型的書，
對書名與主題極度敏感，
對於師長的推薦書目一律搖頭說不……

柯南到底哪裡惹到你？

每當我有機會分享閱讀小說的樂趣，一定會現場做個小小民調。關於家長最煩惱的閱讀問題，累積觀察的結果不外乎分為兩大部分：一大半家長擔憂「孩子尚未養成閱讀習慣」，另一邊則是抱怨已變成書蟲的孩子們「閱讀偏食」。

針對閱讀偏食現象，開放讓家長吐吐苦水、順便再做個市調的話，低年級小學生家長的頭號公敵由「柯南」奪冠，次要敵人就是所有偵探類的故事書；中年級孩子喜歡神遊和各國妖魔鬼怪變身施法打交道，高年級則進入科幻的虛擬想像世界。

一本受歡迎的小說可能揉合以上各種元素，界線不那麼分明，這種「綜合口味」的書，在小學全年級打通關也沒問題。

「怎麼看都是這種書，看過一次就不再看了，所以我也不打算買，直接叫他去用借的。」

「都幾歲了，還在看那些有的沒的，到底有什麼用？」

「推薦給孩子其他書，他都拒絕，該怎麼辦？」

「看這些書作文不會進步，他的作文用字遣詞還是一樣啊！」

「柯南眞的很花錢耶，不只有漫畫、輕小說、電影還有展覽跟公仔，他都四年級了還在迷……」

嗯，其實我不敢說還有主題密室逃脫、日本人還把作者故鄉改造爲柯南村呢！

師長常把「閱讀樂趣、拓展視野」掛在嘴邊，但對孩子來說，這句話實在太過抽象。閱讀時一本接一本飆完劇情當然過癮，但孩子除了感受專注的心流之外，要說因爲書而帶來什麼生活改變？這對他們來說實在很難體會。

換個觀點來看看這位跨界演出的柯南，不只書裡辦案精采，戲外他也能扮演「從閱讀連結生活」的重要角色，不是「大咖」還辦不到啊！

要求孩子換類型閱讀，對他們而言，就像是在海上看不到下塊浮板在哪，就要跳下水冒險。更何況時間寶貴，手邊的書都看不完了，實在沒有任何動機和誘因，讓他們能再次跳下茫茫書海、尋找眞愛。

既然只聽柯南的話，就有勞他跨出書本，引導孩子在偵探推理的國度悠遊吧！

先跟孩子一起畫張以柯南爲主題的心智圖，可上網搜尋或憑想像發展類別完成這張生活地圖：比如曾和柯南交手相爭最佳偵探的金田一、名偵探福爾摩斯，曾公開挑戰福爾摩斯的怪盜亞森羅蘋等，這幾本精采的偵探小說，就是孩子突破文字書或挑戰字數的起源。

接著孩子或許會好奇有沒有女偵探啊？那就是阿嘉莎．克莉絲蒂登場的時候了，她的《東方快車謀殺案》絕對是燒腦的世紀奇案；還有來自非洲波札那的《堅強淑女偵探社》，蘭馬翠姊的辦案魅力也絕對自成一格。

柯南難道是推理界的唯一兒童代表嗎？當然不！以密碼學貫穿主軸的《獵書遊戲》、來自德國的《三個問號偵探團》、美國代表，由13歲男孩開設的《西奧律師事務所》……不知不覺間，孩子已經漸漸「放手」，開始準備移情別戀了！

當然，這只是第一步而已。當孩子不再排斥文字量多的書籍，再過渡到帶有點推理味的一般小說，這些作品仍保有推理的概念或開場，但已非全本書僅以破案爲目標，例如：《小偷》《手推車大作戰》《通心粉男孩》或是《畫仙》系列。

不只閱讀書籍的延伸，假日活動安排也能緊扣推理元素。一些定向遊戲、密室逃脫、簡單的鑑識科學實驗、全家一起玩城市實境解謎等，都能讓孩子結合書裡的閱讀經驗過足生活的癮。此外，也有以推理寫作方式結合史地、地方特色的作品，例如：《月光三部曲Ⅰ：淡水女巫的魔幻地圖》《有人在鹿港搞鬼》等，絕對是把孩子拉出戶外實地踩點的最佳動力。

運用類似的概念，爸媽可把這張心智圖的主題更換，比如說：霸凌、數學；或是孩子當下有興趣的運動或活動；或是籃球、電玩、機器人、格鬥；也可以是孩子關心的社會議題，像是同性戀、街友、戰爭、網路社群等孩子生活中會碰到的問題。

這麼一來，閱讀與生活不再是兩回事，從書裡找到的線索能在生活中實踐，或從活動中發現新的興趣拓展閱讀類別。

說到底，我們還得感謝柯南有那麼多「周邊商品」，緊緊拉著孩子愛推理的興味，才能讓我們好好發揮，對嗎？

父母有問題

閱讀後有樣學樣怎麼辦？

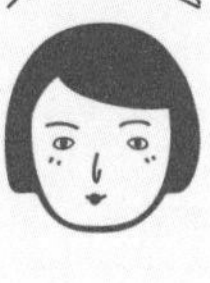

拿起孩子的小說看看內容，
發現有翹課打架、偷抽菸喝酒的情節，
要不就是推敲戀愛心情、成天勾心鬥角……
雖然說很寫實貼近生活，
但也未必每個小孩都會遇到這些情境。
孩子會不會有樣學樣，
本來沒「開竅」的都被「啟發」了？

書中的情節，會不會教壞囝仔大小？

某所公立國小，因家長抗議《穿裙子的男孩》在圖書館開放借閱，有可能對孩子造成不良影響而下架。該出版社經由網路媒體披露此事後，引起各方熱烈討論性別教育議題，這本小說也因此聲名大噪，立即躍上暢銷排行榜冠軍。

經學校內部再次討論後，這本來自英國的童書重新上架，後續效應餘波盪漾。另一所實驗小學校長公開穿裙子在校門口迎接孩子們上學、男藝人們也穿上裙裝表態支持性別平權。直至今日，仍有些國中、高中生刻意穿裙拍片，響應校園裡多元包容的性別意識。

當時，我刻意選這本書當作讀書會的指定閱讀，高年級的孩子也興致勃勃地想分享他們的看法。

讓我驚訝的是，十位同學中有一半以上，都曾經遇過氣質與一般性別定義不同的人，但是沒有任何孩子曾經主動和大人聊過這件事。

他們怎麼想、怎麼看、怎麼互動和對待，其實沒有經過太多思考，幾乎是憑著直覺和周遭氛圍決定，當有些大人還以為「孩子們生活很單純」，討論這些複雜議題或許不太適合時，其實到底是誰比較「天眞」呢？

我們「選擇」不和孩子聊這些，是不是只是想保有他們在我們心中完美的想像？至於那些社會現實，等他們長大再說（或是就自然而然知道了）？

那場讀書會尾聲，闔起書本後，我問了一個全天下家長都想問的「笨問題」：「有些大人擔心讓你們讀這些小說，你們會不會受到書裡的影響，可能好奇去學、去模仿。比如說看了《穿裙子的男孩》，就想去試試看穿裙子，結果最後發現自己也喜歡裙子？」

孩子們睜大眼睛看著我，有些人搖搖頭，有些人訕笑起來，其中一位快人快語的男孩開口道：「老師，你們眞的覺得小孩是白癡嗎？而且如果書本這麼厲害，那我們念課本念那麼多，怎麼還沒變偉人啊？」

「因爲課本很無聊，但故事很吸引人啊。請教一下聰明的各位，爲什麼不會想去學小說裡的情節呢？說不定很好玩啊。」我有些臉紅，但還是把握機會，厚著臉皮問下去。

另一位文靜女孩聽不下去，小小聲地說：「可是小說也有寫後來發生什麼事啊，我們不是也會看到嗎？」

我忍住尷尬，反正形象都破壞了，乾脆就「挖」到底：「最後一個問題，如果有人讀了小說之後，做了跟情節類似的事情，難道眞的跟書一點關係都沒有嗎？」

答案似乎沒有一面倒，有幾位孩子多想了幾秒，眼見機不可失，我邀請大家輪流發表自己的想法：

「如果有，那也是因爲他本來就想這樣，只是不知道怎麼做吧，這樣算跟書有關係嗎？」

「跟書沒有關係啦，難道沒讀小說的人就不會去做這些事嗎？那是巧合！」

「老師我跟你說，如果在小說裡我看到本來我想做的事，反而覺得有人幫我做了，這樣算好的影響嗎？」

「說不定他本來想作更壞更大的事，還好他看到小說寫的，所以就學主角一樣出出氣就好了。」

聽孩子們盡力替小說「洗白」很有意思，句句道破大人矛盾又偏頗的擔心。

若覺得讀書會裡孩子的樣本太小，不足以代表多數的小孩，那麼不妨聽聽心理學家亞伯特．班杜拉（Albert Bandura）怎麼說。

他提出的「社會學習論」（social learning theory），廣泛應用於教育現場的教學設計裡，推翻過去我們對「學習」限於刺激、反應的簡化認知，反而強調個人對環境中人、事、物的認知，才是學習行爲的重要因素。

也就是說，人在與社會環境互動的過程中，也透過觀察與模仿進行學習。除非個體認爲他喜歡這些行爲的後果，才會選擇表現同樣的行爲。

班杜拉進一步說明，就算衆人觀察同一個情境，表現出來的反應也不同，每個人的反應均是經過自己認知判斷後的結果，這個中介作用的內心歷程，呼應了個體自主的理論。

小說正是提供「社會學習」的文本場域，不必經過親身體驗，就能得知前因後果的完整樣本。

孩子們透過書裡的情境營造，揣摩、想像、思考就是內心正在運作的中介作用，最後展現出來的行爲是孩子們的產出結果。

不是孩子被小說影響，而是小說啓動了他們對這些事情的思考歷程。

日本心理學家河合隼雄在《孩子與惡》書中曾說：「自我實現的萌芽，時常是以惡的型態顯現的。」

孩子們破壞種種秩序與規則的行爲，加上心中害怕惡、又想作惡的心理需求，化身爲我們常見到的說謊、拒學、偷竊、攻擊、霸凌，每一種都含有豐富的成長意涵。然而，這些被定義爲惡的「人生初體驗」在超過某些程度後，便會產生無法挽回的代價。河合隼雄也進而提出：「必須讓孩子在小時候體驗到某種深刻的根源惡，認識它的可怕，進而下定決心絕不再犯。」

除了性別議題外，現實生活中幾乎沒有任何「課」，能與孩子們聊聊抽菸的帥氣解悶、如何表達對某人的欣賞、怎麼迅速加入小圈圈、討厭一個人怎麼辦……透過一本小說，孩子們從中試想自己的角色與選擇，仔細推敲各種「能」與「不能」，若最後選擇表現出來的行爲不盡人意，那也許是河合隼雄說的，孩子正對父母發出求救訊號，內心渴望我們更多的關注。

全天下就我倒楣……

孩子心裡苦

俗話說「家家有本難唸的經」，

大人持家不易，因此家裡最容易被「唸成精」的孩子，

一不小心就成了家人的情緒出口，

不論易怒焦躁抑或沉默不語，都讓日子特別難熬。

無法擺脫現實的孩子，

若能在文字創造的平行時空裡稍喘口氣，

或不經意瞥見讀著同章的同路人，

多少能釋懷一切都是成長痛，而且一切都會過去的。

原來不是只有我這樣

曾有段時間，我應學校老師邀請擔任高年級的晨光媽媽，每周一天在早自習時間進班陪孩子。

挑戰絕不在說故事本身，故事不論長短，孩子都能自己閱讀。脫離低年級的天真活潑、也不像中年級的求知好奇，六年級的孩子早脫稚氣，卻常被邁入青春期前抑鬱滯重的氣氛重重包圍。

老師希望我進班的目的，是期待有不同的大人與孩子交流聊天，替枯燥的學校生活注入變化。

「聊聊」這回事，孩子越大門檻越高。

你想聊的孩子不一定想說，費盡心思想置入的訊息馬上被識破，孩子們想說（抱怨）的我們也不一定聽得下去，一不小心又是人生大道理……這群一個禮拜才相處40分鐘的孩子，我有什麼資格期待他們跟我掏心掏肺？

前10分鐘暖場時間，我選了一本青少年小說做介紹，接下來會延續書裡的其中一章或議題做互動討論。

有天我們聊到：「目前人生中最想改變的一件事。」黑板上貼著兩大張白紙，我邀請大家輪流上台寫自己的答案，不必署名。有人不加思索、有人說想不出來、當然也有人狐疑地看著我，猜測我的動機。

說眞的，每個人很容易都對生活有抱怨，但很少人思考這個問題。

當你只能選擇一件事情改變時，很多人發現生活其實沒有那麼糟，或者就算想改也不知道該怎麼改變、甚至不清楚自己要的是什麼。

看著孩子們寫的答案，考試、上學、作業占多數並不意外，然而有一兩位卻特別針對家人，甚至寫下希望他們消失的願望。

當視線挪移到這行時，我還在拿捏該怎麼開口，原作同學倒是不避諱地發言，一開口便停不下來。

他的聲音不大，綿長細瑣地重複每天聽到家人跟他說的那些喪氣話、姊姊又如何想盡辦法捉弄他……眼神空洞的他覺得日子眞的悲慘極了，好像自己是個沒有能力的廢人，只能聽話任人擺布才能活下去。

同學們的表情也很耐人玩味，從一開始露出「他又來了」的無奈表情，到後來越聽越驚訝，班上氣氛也越來越沉默。

好不容易他告一段落，爲了轉換氣氛，我故意打趣著說：「哇，你們同班這麼久，知道這位同學生活這麼『慘』嗎？」

有人搖搖頭，有幾位同學倒是心有戚戚焉：「老師，這句話我爸也說過。」「老師，我媽也是這樣說。」「老師我也有聽過類似的，但眞的沒他這麼誇張，只有我考不好的時候才會……」

其實小說裡的故事，或許就在我們身邊。每個孩子的小宇宙，都正經歷著天翻地覆的過程。每個人遇到的議題不盡相同，但在無數小說故事裡，大家遭遇到的考驗卻又那麼相似。

青少年眞的很難聊，但同時他們很需要找人聊一聊。

當家人無法回應、甚至成爲壓力來源時，又該怎麼辦呢？

我猜想這位在班上被視爲怪咖的同學，平常應該就負能量爆表，但其他同學也自顧不暇、無力幫忙。

經過這短短幾分鐘分享，大家似乎都感覺到，雖然來自不同家庭，彼此卻擁有相同的挫折和困難。那是他們共同的成長情境、沉默裡隱藏著共同的語言。

時間一下子就過去了，孩子們眼光轉向我，等我做個收尾。

「日子是自己在過，可能在今天之前你會和同學一起罵罵髒話、聊些明星手遊、或嘴邊喊著打打殺殺裝狠，要不然就是耍白爛，想對這個世界表現得蠻不在乎，但你可能從來沒有機會跟人分享這些對生活的無力或失望。

今天我們打開這本小說，就是要跟大家說，其實不是只有你這樣。

從古到今、世界的每一個角落裡，大家都在經歷自己的考驗。當我們想不出辦法的時候、當我們說不出口的時候，還有一個地方可以找參考答案——那個地方就是好多好多的小說故事。

故事結尾看起來都不同，但卻又都相同，至少我可以跟你們說，擺出不在乎甚至故意作對的姿態對你的人生無濟於事，甚至只會讓你以為自己眞的是這樣而已。

家人不會突然消失，但是你有一天終究能離開，把眼光放在你準備好的那一天，而那一天多早來、要準備什麼，就是你自己可以決定的。

剛才那些不知道自己想改變什麼的同學們，你們要花點時間想想，這是個很重要、卻不容易回答的問題，願意想的人才有機會改變。」

顧不了這些話聽起來像不像說教，我情不自禁地投入全部感情，像是一個為小說宣教的傳教士。等我停下來喘口氣時，發現大部分孩子的眼神認眞了起來，連最愛耍嘴皮子的那幾個男生都一臉嚴肅。

嚴肅沒什麼不好，眞的。

我不要你們插科打諢的笑聲，那些做作的快樂，最後都只會變成傷人的把戲而已。

陌生的情緒，不知往哪才是出口……

孩子心裡苦

明明自己不是主角，卻也感到煩惱。
生活在團體裡，容易與人共鳴共感的孩子，
總是能觀察到不為人知的細節與人性，
這讓他們想起了曾經的失誤、未來可能的冷漠，
占滿心頭的是不知所措。

幸好，身旁垂著這麼一條救命繩，
只要願意抓緊字字句句往上爬，
他們就得以俯視一切、暫時抽離出來，
再投入時已是不同心情。

解憂小說館

某個晚上，我在孩子書包裡翻找她的聯絡簿，突然摸到一把紙摺扇子。細細一看，這是從作業簿撕下的一頁格子紙，上面似乎寫著些什麼東西。心想孩子沒有特意藏起來，我也就把紙扇打開整平細瞧。

讀了第一行，我像被電到一樣，喉頭一緊、眼眶溫熱：

給浪矢解憂雜貨店：我今年九歲，就是四年級。最近班上的好朋友們絕交了，我該如何是好？

原來這件事讓她這麼掛心。

這兩天妹妹回家纏著我，要我一起想辦法，細問之下，才知道是班上有個三人女生小團體在鬧絕交。被逐出的那位心情低落，對於突然落單有些不適應，結果整個人變成悶葫蘆，一天說不到幾句話。和她還算熟識的妹妹主動作伴安慰，其他兩位卻刻意當面說悄悄話，一些小動作不斷，連原本不在圈內的妹妹也覺得有點過火。

也許是妹妹曾經歷過友情變化而感同身受，也許是好不容易小團體解散、想爭取這位好朋友，也可能像她媽一樣老愛管閒事……總之不論是哪一種，這陣子，妹妹的情緒都被強烈地牽動著。

看來妹妹想起那本《解憂雜貨店》。

我們曾一起看過小說和改編翻拍的電影，聽說日本還保留了雜貨店場景，每年都有不少觀光客特意長途跋涉，到這個偏遠的鄉鎮看它一眼。誰都希望身旁有位充滿智慧的傾聽者，不點破說白，又能把建議給得恰到好處。

當時妹妹曾問我以前的人生經驗，我告訴她小團體翻臉跟翻書一樣快，絕交和復合，就跟天氣一樣瞬息萬變，毫無邏輯，所以關心朋友時，要小心別評價太多是非。

這段人生經驗妹妹有聽沒有懂，雖然點點頭，卻仍沉浸在爲朋友抱不平的氛圍裡。後來過了三天，妹妹回家時告訴我，她們三人又和好如初。

她語氣平靜，我卻瞧見她眼裡的一抹落寞。心想，此時雜貨店老闆會怎麼做？如果沒問的問題，他應該不會多話才對？既然這樣，我先學學老闆保持沉默吧。

這之後沒幾天，就是校慶運動會。我特意觀察這三人小團體和妹妹之間的互動。妹妹識相地保持距離，曾經落單的同學被小團體綁住，沒太多時間來找妹妹，但每一次眼神接觸時，都充滿著友善和愛。

我知道我的孩子有能力照顧別人和自己了。

書包裡的這張紙條，不知道是在什麼時候寫下的，我重新把紙條折回去放好，身爲母親，我既心疼又驕傲。成全朋友不是件簡單的事，特別是當她也很喜歡那個朋友的時候。

或許是小說和電影給她的靈感，這封她知道無法寄出的信，其實只是她的喃喃自語、她的想像追問、她的自我安慰，單純映照出了自己的感受、排解現實生活裡的種種心情。此時此刻，這張紙條的問題，妹妹自己已經有了答案。她既是發問者，同時也是解惑者。

人生就是這樣。這些扎人的小刺就是這麼討厭，雖不礙事卻又的確痛著。但當你下次想摘玫瑰的時候，你就比別人更不怕疼一點了。

讓我們一起，再往書裡的世界走得更深更遠吧，小說慷慨地給我們這麼多前人的經驗，我們身處在每個角色心靈深處的祕密花園，讓我們開始學習自己療癒自己。

想看書卻不知如何下手……

孩子心裡苦

老是說找不到自己喜歡的書。
到圖書館去意興闌珊，
走進書店又眼花撩亂，別人建議的書單一樣也沒興趣……
總之，可以讀書卻不愛閱讀。
尋覓一本想看的書，
有時就像去廟裡抽籤、請算命師鐵口直言一樣，
把心中煩惱的事情想好了，
順著直覺拿起的那本小說裡，
一定有治癒情緒的解方，信不信由你！

心誠則靈，書在等你

說得戲劇化一點，很多沒那麼喜歡閱讀的孩子，是因為沒被書「拯救」過。即使是大人，有這經驗的人也不多，頂多說這本書很「實用」「有幫助」，但真正有股電流竄進心裡的感受，只有體會過的人才懂。

還記得女兒剛入小學，每週五都會有項學習單功課，就是閱讀一本班書，然後用畫畫表達心得。

老師選書很用心，從文字較多的繪本逐步打底，這樣的過渡期比較沒有「痛苦感」，隨著注音能力與識字量增加，寫這份作業還算如魚得水。但到了二年級橋梁書階段，妹妹卻很排斥看繪本以外的書。她的識字量不少，也不太依賴注音，只嚷嚷說找不到自己喜歡的書，跨不過去這道閱讀之橋。「學習單」從此突然變成令人討厭的作業，不到百字的心得也能成為一場災難。

深愛閱讀的我備感挫折，想到孩子沒有機會領略書裡的各式人生，更覺得可惜不捨，而她也感受到我的失望與尚未斬斷的期待，我們母女就在這複雜情緒裡載浮載沉好一陣子。

有天我們照例逛逛書店，她被《瘋狂樹屋52層》的亮麗封面吸引，隨手翻了幾頁後，指著其中一頁告訴我：「媽媽妳看，他跟我一樣，這才是我要的書。」

那是頁滿滿的圖，上面寫著「頭戴內褲日」幾個大字，圖中主角把內褲戴在頭上的動作，恰好正是前幾天她做過的事。

拿起那本三百多頁的書，她一口氣讀完，心滿意足地告訴我：「我不喜歡其他那些都要教我東西的書，難道我們就不能輕鬆地只說故事、想像搞笑嗎？」

這本無厘頭的圖文書將她從「知識苦海」中打撈上岸，重新回到單純閱讀的樂趣。當她眞心相信會有將她從無聊日子裡拯救出來的書，突破這層「心魔」之後，妹妹便開啓了自己與書的緣分。

「書的奇蹟」當然不只發生一次。

妹妹中年級時，班上女生分屬成幾個小團體，不願被歸類的她被視為游離分子，雖然依附著某一團體比較安穩，但又不願意凡事都要集體行動、不能有自己的主張，因此許多時候，她反而成爲團體間角力的目標，一不小心就可能被利用傳話，或者陷入被迫選擇的兩難情境。

帶她走進書店，滿滿的書讓人眼花撩亂，但不到十分鐘，她已經選定《一點點機會》和《悄悄話派對》遞給我。

我不免驚訝，以往總是遍尋不著心儀故事的她，怎麼現在找書如此神速？

「媽，我覺得是書來找我的，不然怎麼可能讓我一眼看到，而且我翻幾頁就好想看喔。」妹妹講得實在很玄，但愛書的人應該都能懂。

在《悄悄話派對》裡，她依著情節回想自己的經驗，領悟了「傳話」與「聽話」裡的技巧與智慧，放下對自己的批判、釋懷別人的評價。

鬆了一口氣的她逐漸穩住每天起伏不定的心情，淡然面對小團體間的風雨陰晴。故事，又再次讓她度過難關。至於那本《一點點機會》，雖然看似與當下煩惱的事沒有直接相關，但卻給她更多未來對人、對萬物的熱情與期待。

而我被「拯救」的經驗不計其數。

最早可追溯到大學時的《算命先生告訴我》，替我摘下戴在頭上那頂金箍咒，擺脫自我強化預言的無限迴圈；輕輕替我挪開別人期待眼光的《我出去一下》；《冷靜與熱情之間》讓我面對愛情時更從容一些；成為母親後的《眠月之山》讓我堅定面對自己的脆弱與恐懼，還給孩子一個勇敢探索的人生。

這些經驗都是「書目治療」的概念。

來自英國的《小說藥方》和《故事藥方》，這兩本厚書像是文學界的《本草綱目》，蒐集各種人生問題，再給出建議的書單。作者想發揚古希臘人信仰文學療癒功能的精神，同時發展出「書目治療師」這項既復古又前衛的另類職業。

文藝大國法國也沒缺席，一位法國作家將書目治療的過程化身爲《說書人和他的閱讀處方箋》，三個截然不同的人以書爲媒介，和說書人也和自己產生對話；日本文學的《在森崎書店的日子》《星期五的書店》更將「讀書、讀人」的療癒功效發揮到極致。

我眞想迫不及待遇見一位這樣的店長、說書人或治療師，好好替人生把把脈。

其實我們每個人都可以這麼做。暫時放下充滿資訊、功能性強、工具實用類別的書，重回文學小說的懷抱，將自己攤開在書架面前，你的心和大腦會引領你的手，拿起那本正在等你的命定之書。它不一定正面解答你的疑惑，卻能選擇最適合你的方式，替你撫平煩惱深處的皺褶。

爸媽的書單好無聊……

孩子心裡苦

大人依著主題書單推薦給孩子，
孩子心裡卻有另一張待讀清單。
隨著同儕影響和尋求刺激的好奇，
選書時可能跳脫適讀年齡、開始接觸次文化，
那些大人未必看得懂的書，
帶來的可能是世代價值觀的衝突。

我讀、我思故我在

放手讓孩子選書，是一種信任與判斷的訓練。閱讀品味無法遺傳，需要時間逐步尋找與建立，從閱讀讓孩子看見大人自主學習的模範、包容多元價值的彈性，相信孩子能趨著光走出自己的閱讀之路。

我曾經突發奇想，邀請孩子們一起進行「選書」的觀察遊戲：首先每位孩子各自帶著想推薦給別人閱讀的「心頭好」，我將這些愛書編號之後排成一列，邀請孩子分成兩組輪流翻閱桌上的書，然後記下最想看的編號。

等待的時間裡，還要同時進行另一項任務，就是仔細觀察正在選書的同學們做了哪些動作。

孩子們對於觀察別人很感興趣，翻書時間一結束，大家紛紛交頭接耳，像是發現什麼新大陸般地興奮。我們先祕密投票選出第一輪想看的書，接著每個人有3分鐘「說書時間」推薦自己的書，再公開投票選出最想看的書。

同學們很好奇兩次投票的結果。

答案揭曉，經過說書推薦後的得票冠軍，在第一輪投票時竟然敬陪末座，現場一陣譁然，看來「跑票」情況嚴重，大家開玩笑地互相猜測到底是誰「意志不堅」，耳根子那麼軟，竟然放棄自己的選書。

這個過程，讓這群「嘴硬」的孩子們親身印證「同儕」的影響力遠超乎自己認知，不自覺地捨棄原本自己的喜好，而優先考慮朋友的推薦。

有些孩子因此擴大了選書範圍，拿起原本不看一眼的小說讀得津津有味。嗯，這個結果聽起來蠻美好的，對嗎？

但事情總有陰暗的一面。當孩子閱讀胃口大開、不拘泥於某些類型，原本應該功成身退的師長立刻發現下個階段的煩惱：

「該怎麼讓孩子辨識有問題的書？」

「學校裡傳閱的輕小說，我光看封面就頭痛了。」

「那些內容怎麼能算是好的書呢？」

「雖然不要干涉，但也不能都不管，不能說印成書的都是對的吧！」

特別是國高中階段，孩子們從事其他活動的時間被課業排擠，生活圈比國小生還狹窄，同儕影響的權重顯得更爲關鍵。在時間有限的考量下，擁有共同話題的閱讀目的絕對勝過一切。

這一波波的教養課題隨著成長階段不同而升級，次文化或外來文化的衝擊再次挑戰我們對閱讀的信仰。

由於市場考量與自費出版的便利，任何內容想以「書」的形式呈現已非難事；再加上出版成本與門檻降低，更多「有問題的書」遊走在道德與法律的模糊地帶，頂多搭配18禁的分級標誌，隱晦不顯又充滿暗示的內容擴大讀者的自主詮釋空間，反而勾起孩子們集體創作的興味。

流傳討論的群體歸屬感，正是某些小衆書籍的致命吸引力。

然而何謂「有問題的書」本身就是一個値得探討的議題。

師長們認定的「問題」，有時只是爭議性較高、社會暫無共識的主題，如：性別、種族、自殺、戰爭等，或者是尙未成爲主流的寫作視角，如：BL、GL、等。在動漫、網路和戲劇的推波助瀾下，孩子的確有很多機會，從不同管道開始接觸這些

從未正式被討論的內容，

但當我們定義什麼是「有問題的書」時，若以主題來作分類恐怕有些武斷。舉例而言，部分家長聞之皺眉的BL，在社會學裡已是登大雅之堂的研究課題；對孩子眞正有負面影響的，應該是「如何呈現」該主題的方式與用語。如同我們熟悉的愛情與性，可以是發人省思的經典佳作，也有充滿不堪入目用語的A書。

對於青少年而言，越是禁止的事物越具有吸引力。

與其間接逼迫孩子「行爲地下化」或說善意謊言，不如直接說明我們的擔心，並與孩子共同協定行爲原則：

第一，遵守分級閱讀制度：已明確標示18禁的書籍，不論是否自行購買或他人拆封，都請孩子克制好奇心；對這主題有興趣，不妨搜尋其他合適的書。

第二，提供該主題其他相關資訊：若孩子對於某本書感興趣，不妨順勢提供更多與該書主題相關的資料、書籍或新聞，避免孩子只有單一資訊來源，容易因書籍內容而有偏頗印象；另一方面，也向孩子示範好奇與研究的精神，培養獨立思考的習慣。

第三，與孩子討論書籍內容：找時間翻翻孩子看的書籍，明確指出自己覺得不恰當之處，聽聽孩子看完之後的想法與詮釋，確認孩子識讀能力與理解程度，避免誤會錯怪孩子。如果認爲家長自己這方面較無把握，可尋求學校師長或校外資源協助。

浩瀚書海好比善變的大千世界，沒有一個人是準備好才去面對的。我們不可能預測孩子在什麼時間點，遇見什麼樣的人與事；但若我們以「賦能」的概念協助孩子培養判斷與思考能力，「有問題的書」就只能像以前隔壁班的小流氓一樣，即使存在，也不一定會造成威脅，不是嗎？

給父母的教養書單

《孩子與惡》
河合隼雄　著
2016年／心靈工坊

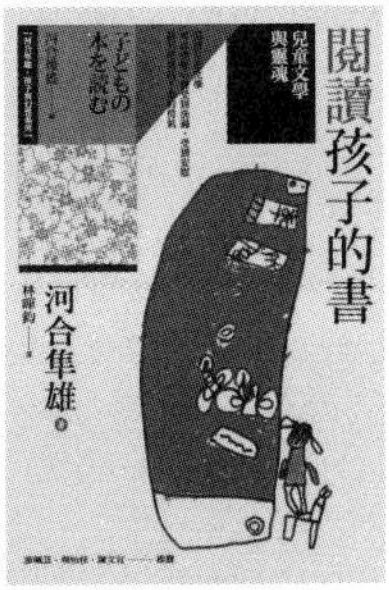

《閱讀孩子的書》
河合隼雄　著
2017年／心靈工坊

《小說藥方》
艾拉・柏素德、
蘇珊・艾爾德金　著
2019年／麥田

《浮萍男孩》
Leonard Sax　著
2008年／遠流

《當下的父母》
蘇珊・史帝佛曼　著
2019年／橡實文化

《故事藥方》
艾拉・柏素德、
蘇珊・艾爾德金　著
2018年／小麥田

《陪伴孩子的情緒障礙》
王意中　著
2019年／寶瓶文化

《棉花糖女孩》
Leonard Sax　著
2011年／遠流

《阿嬤要我跟你說抱歉》
菲特烈・貝克曼 著
2017年／天培

《大聲說幹的女孩》
安－索菲・樂莎傑、芳妮・樂莎傑 著
2019年／聯合文學

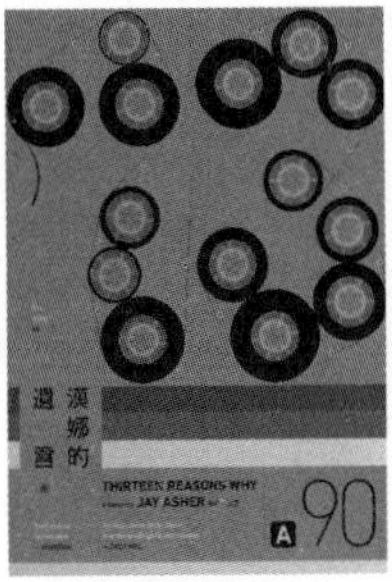

《漢娜的遺言》
(Thirteen Reasons Why)
傑伊・艾夏 著
(Jay Asher)
2017年／春天

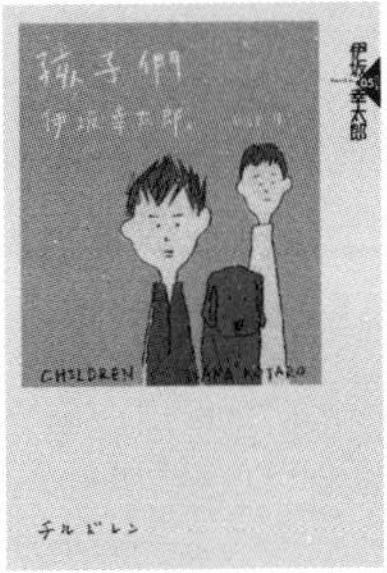

《孩子們》
伊坂幸太郎 著
2017年／獨步文化

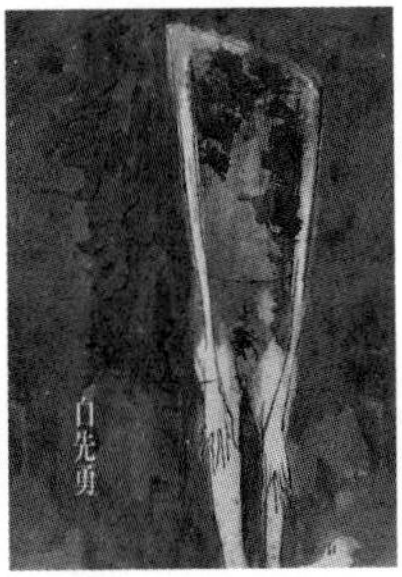

《孽子》
白先勇 著
1992年／允晨文化

《生命清單》
羅莉・奈爾森・史皮曼 著
2015年／悅知文化

給孩子的小說書單

《神啊，你在嗎？》
茱蒂・布倫　著
2019年／小麥田

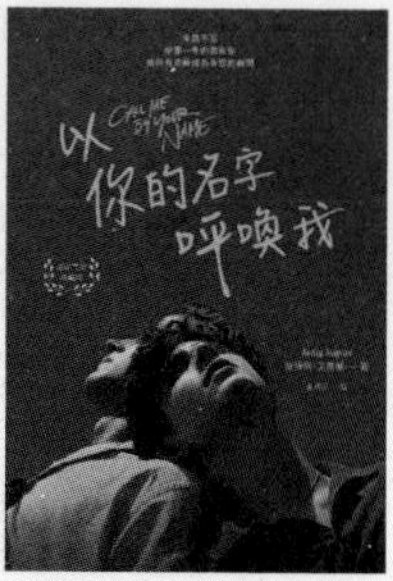

《以你的名字呼喚我》
安德烈・愛席蒙　著
2018年／麥田

《極度天真》
艾連・盧　著
2014年／遠流

《悄悄話派對》
賈桂琳．威爾森　著
2017年／小天下

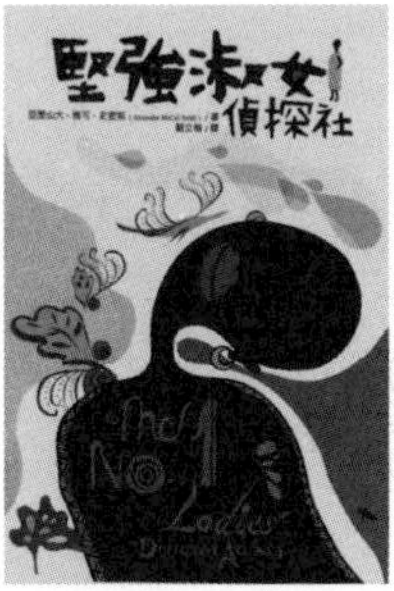

《堅強淑女偵探社》系列
亞歷山大．梅可．史密斯　著
2006年／遠流

《小偷》
王淑芬　著
徐至宏　圖
2014年／巴巴文化

《手推車大作戰》
琴．麥瑞爾　著
2016年／遠流

第二章

這些過程，
是孩子成長的重要養分

想要離家出走

事情不在這裡發生，不代表它沒有發生。

——《彼得與他的寶貝》

離家背後的意義

在日本知名心理學家河合隼雄的《轉大人的辛苦》一書中，第一個分享的案例，便是一位少年「離家出走」的故事。

想出走少年的父母管教正常、平時也沒有衝突，百思不得其解後，只好求助心理諮商，這才赫然發現少年心中融雜獨立、煩悶、衝動與自我意識的念頭，讓他想在現實生活中做出巨大的改變。

這種「想出走」的孩子還未被納入統計數字裡，但相關數據就足以令人咋舌。根據內政部統計，台灣每年失蹤孩子約有上萬人，「離家出走」占了約七成；其中14～16歲青少年爲大宗，12歲以下的數據也逐年上升。

兒福聯盟進一步從第一線服務經驗中分析，女生離家的比例多於男生，顚覆一般人認爲男孩較難管教的印象，而「猛爆型離家」最令父母束手無策，孩子離家前沒有異狀，更遑論知道可能的原因或去向了。

那麼看似平和溫順、照著生活步調走的孩子，到底發生了什麼事？有多少孩子身在家中卻不時浮出離家出走的念頭？又是什麼讓孩子下了決心？

「對現況感到無力、想過不一樣的生活」是每個人再熟悉不過的念頭。當我們漸漸厭煩原有的生活模式，或者不滿某些事物卻無法改變，胸口那股越來越滿的情緒，讓我們像顆鼓滿的氣球緊繃，只要一根羽毛也能輕易引爆……只不過發生在成年人身上，一切的「離開」都有了不同的詮釋：

離開職場去流浪，我們稱之爲「中年壯遊」；

拋家棄子去旅行，我們稱之爲「找回自己」；

空巢期離開原生地，我們稱之爲「第二人生」……

或許我們都曾經起心動念過，但剛好在文學作品、音樂或電影裡找到了出口。「離家」的經典情節替我們找到了慰藉，想像的經歷取代了實際的行動，並在這些豐富的素材中深深地共鳴共振、安頓了年少輕狂的心；當然也可能因爲顧慮自己的能力或擔心後果，「不敢」的成分壓制了離開的衝動。

我們之所以無法接受孩子的離家出走，一部分來自於認爲孩子的能力難以支撐雄心壯志或冒險犯難，另一部分則來自於情感面的受傷——離家似乎意味著親子關係的破裂與溝通失敗。

其實在青少年小說裡，透露著各種可能的線索與答案：「離家」往往是故事的開始，獨自一人才能對自我產生深刻的懷疑與詰問；「離家」是關係轉換的關鍵，舊的身份連結新的緣分，重新建構起另一個同名的自己；「離家」也有可能是表達不滿的無聲抗議；甚至更多時候，連孩子也未必知道自己正在發生什麼事，但那股對外探索冒險的渴望，與改變現況的需求，恰恰好與離家出走的壯闊感不謀而合。

不想成為「被安排」的角色

《彼得與他的寶貝》的主角彼得因戰爭而依親爺爺，卻被逼著野放自己收養的狐狸。野放後的他後悔不已，獨自冒著戰事不斷的風險，踏上尋找狐狸的危險旅程。

這段與動物間難捨的情懷，比起更大的家庭變動似乎是微不足道的犧牲，但彼得與狐狸的感情不被爺爺認可，無法抹滅的罪惡感與強烈的情感寄託成爲強大動力，成了他上路的推手。

類似的情節，在現實生活中是否似曾相識呢？

當家庭成員面臨生離死別，或者父母婚姻狀態有了變化，孩子一向是「被安排」的角色。自身難保的大人們，或許當下忽略、也無力關照孩子心中的感受；也可能迫於現實考量，無法顧及孩子的意願。

而這些原本帶給孩子安定感受的外在環境一旦起了波瀾，即便大人盡力維持著表面上的生活秩序：上課、下課、吃飯、睡覺，孩子們內心的寧靜世界也早已崩塌，正在發生一場又一場的情感地震。

回想現今的社會新聞中，有些孩子爲了不能打電玩、被沒收手機而負氣離家，這些看似是管教衝突，事實上是孩子對自主獨立的渴望，以及展現自我意識的堅決。

現實生活中，並非只有虐待、性侵等暴力行爲會造成童年陰影，忽視冷漠的輕率言語，或是壓抑孩子情緒表達的「冷暴力」行爲，也都是青少年小說裡離家出走的重要關鍵。與其說不要輕忽孩子的感受和困難，不如說是大人應該學習如何「尊重」並「正視」孩子的心理需求。

離家的預做練習，發揮正面意義

與溫暖療癒的《彼得》不同，另一本書《尋找阿嘉莎》，是由一對分別離家出走的姊妹擔綱主角。

爲了尋找因渴望自由離家、而後被認爲意外死亡的姊姊阿嘉莎，妹妹喬琪瞞著家人展開尋親之旅，途中發生的各種搶劫強盜殺人案件，不避諱地展現危機四伏的現實生活。即使兩姊妹分別離家的原因不同，但整體小說卻展現出「勇敢」的另一種樣貌——不管什麼原因，離家，是需要勇氣和能力的。

家長可爲孩子製造機會在外過夜，或安排過夜營隊活動，這些在風險管控之下的嘗試，就是屬於「離家」的正規訓練。

離家的這幾晚像是一場實境考核，從生活自理、常規實踐、待人處事、安全判斷等，每一項都考驗著平日教養的成果。當父母不在身邊的時候，孩子是怎麼向這個世界展現自己的？和我們平常熟悉的那個寶貝一樣嗎？

除此之外，我們也同時讓孩子實際感受「獨立」需要的能力。不僅只是生活自理，也包括心智的成熟堅韌，都需要透過拉開距離來重新校正依賴與自主的比例，充分理解自己的能與不能。

將孩子日常累積於內心的正負能量，透過離家過夜的活動轉換爲啓動獨立的刻意練習。在過程中體會平日難以接觸的孤獨、害怕，也領悟自己身上被激發的潛能與力量，創造出更堅強穩定的內心世界。

《彼得與他的寶貝》
莎拉．潘尼帕克　著
2017年／小麥田

《尋找阿嘉莎》
艾米．汀柏蕾　著
2015年／小天下

如果可以重來

所謂幸福，就是當下可以說出我是幸福的那個時候吧！

——《又做了相同的夢》

關於後悔

點到地雷餐點、早上偷懶沒帶傘、穿錯衣服而受凍、聽信謠言賠了一大筆錢、冤枉好友、太晚知道而錯失良機……每個人想必都有過這樣的經驗。大致來看，人生中「後悔」的原因不外乎分為「做錯什麼事情」或「沒做什麼事情」。有些事情後悔了但後果還能承受，頂多變成一些喃喃抱怨；然而有些後悔則對人影響深遠，成為一輩子難忘的遺憾。

現實生活裡時光無法重來，事情怎麼發展端看當下的選擇，每條都是不能回頭的路。因此當我們聽到誰說「就算明天死去也不覺得後悔」時，除了有點羨慕，想必更好奇是什麼樣的歷練，才能說出這句話？

人生最具挑戰性，也是最可貴之處，便是每個人會依照自己的個性做出不同判斷，人生的經歷保證獨一無二。好強的青少年初嘗獨立滋味，在人生許多的「第一次」裡，憑直覺、衝動做出選擇，如果說哪種感覺是青少年們必有的共同經驗，「後悔」雖然難以啓齒，卻一定名列前矛。

少年小說裡這類元素俯拾即是，如：《出事的那一天》，描寫的是兩位好友瞞著大人騎車冒險，其中一位卻發生意外的故事；《洞》則是一位善良單純的男孩，被欺負後失手傷人而進入勞改營後的經歷。

那些難以挽回、痛徹心扉的遺憾，可能讓人受困於後悔流沙裡難以自拔，每天重複耽溺在某個時間點無法前進，甚至嚴重到影響現實生活；根據美國精神健康協會統計指出，近15%的青少年會用自殘方式處理情緒危機；而在台灣，自殺也躍昇爲青少年（12～17歲）的第3大死因。當心理生病了，引發的憂鬱風暴像是啓動骨牌效應，孩子們原本活力十足的青春生活應聲倒下。

不過幸好小說是人生的回音，孩子們心中那句「如果能重來，我一定……」的願望在小說裡得以實現。兒童文學作家們透過文字情節的安排，解開他們的困境。若眞能回到關鍵時刻、重做選擇，一切是否就如自己所想？舉步維艱、原地打轉的人生，能掙脫情感枷鎖，繼續未完成的旅途嗎？

《瓶中迷境》描寫的是一間專收情緒障礙的特殊學校，五位被挑選出來參與「主題課程」的少年少女的故事，他們之間的共同點，便是各自因爲過去發生的事而無法繼續正常生活。這五位被大人稱作「情緒脆弱、天資聰穎」的孩子們，耽溺在充滿後悔、自責、憤怒、不願承認的泥淖中。

主題課程裡的主要作業是寫日記，老師發下一本神祕的紅皮日記後什麼也沒說，但他們卻意外發現，只要在上面書寫，就能一次次將他們帶回人生破碎前的那一刻。他們稱之爲「瓶境」，而瓶境經驗唯一的限制是次數有限，當日記本寫完用罄，也代表只剩最後一次重返過去的機會。

真正想改變的是做過的選擇，還是自己？

即使重返時光聽起來就是小說情節，但「瓶境」裡的規則非常符合現實邏輯：瓶境能讓你跟失去的人在一起、回到「關鍵時刻」之前的狀態，所有的煩惱消失殆盡，只有出事前美好的一切、「完好」的自己。不過時間停止在意外發生的那一刻，能重溫的只有事件之前的時光。一切不會有「將來」，不能發展新的人生。

這聽起來這正是無法接受現實的人需要的。五位主角們發現時喜不自勝，在瓶境裡流連忘返。看到這裡我曾暗暗擔心：有這種機會，誰還會想回到破碎不堪的現實生活？瓶境次數有限，難道結束後，他們不會更難接受後來的自己嗎？

時間一久，人的本性不會滿足於現況的。由於瓶境只能重複出事前的情境，五位主角們從一開始的放鬆療癒，漸漸興起「想要改變」的念頭。若想要日子繼續往前推進，那意味著必須面對事件所造成的破壞或遺憾。比如有人必須接受對母親的憤怒、有人必須承認是自己逃避現實躲進想像……最精采的對比，莫過於其中一位主角改變了當初關鍵時刻的選擇，卻因此讓她現實生活中遭受眞正的昏迷與停滯。

五位主角面對的課題雖然不同，瓶境迫使他們「自願」面對封閉已久的自己，而彼此間互相支持同理的情感，則成爲他們「回歸現實」的勇氣與動力。

沒有重來一次的經驗，我們只會一再想像改變別人、改變選擇的美好，直到我們隨著情節做了一次模擬練習，才發現「後悔」給我們最大的一個禮物，就是不斷給自己重來一次的機會、賦予自己再來一次的勇氣。

不必擔心後果的話，你會做什麼選擇？

另一本《第N次11歲生日》，是以相較輕鬆的方式詮釋「後悔」。

兩位同天生日、總是一起慶祝的男女主角，卻因爲一場誤會冷戰，而在第一次分開慶祝的11歲生日，兩人便遇上了麻煩：他們竟不斷重複迴圈地被困在生日這天。

其實被迫再度過生日聽起來不算是太糟，說不定許多孩子還想許願發生在自己身上，能夠一再回味派對的表演、美食和禮物的確令人心動，只不過同時重複的上演的，也包括學校的校隊選拔、臨時抽考、和家人間的鬥嘴、小團體的心機互動……好事壞事都得再來一次。

這兩位剛過11歲的主角們，被困在同樣的日子「一過再過」，這才發現原來自己忽略許多生活細節，也覺察自己從未面對內心眞正的想法與感受。於是，他們心想：既然明天還會重來，那就沒什麼事情算「失敗」啊，每個選擇帶來的發展都不一樣，那就當作「人生實驗」吧！

就這樣，他們靠著一次次在重複情境中試著做出不同反應，藉由經歷不同的結果以確認自己眞正的心意，等到這個魔咒解開的那一天，他們已經擁有作出忠於自己內心抉擇的能力。

雖然現實裡我們不太可能擁有這種經歷，但小說暗喻的是人生裡有許多類似的生活情境不斷發生，我們也能透過想像和反覆詰問，讓孩子更貼近自己一些，對自己的選擇負責而不會後悔。

正視負面情緒帶來的訊息，別急著要孩子趕快好起來

因為後悔而帶來的負面情緒，一直是家長們對孩子放心不下的關卡。在一場TED演講中，Susan David分享負面情緒的經驗時，曾透露自己是因為老師鼓勵書寫，她才得以真實表達悲傷與痛苦。

社會裡鼓勵堅強、積極的態度，會迫使我們及孩子否認或推開負面情緒。然而這就像減肥的人看到冰箱裡的巧克力蛋糕一樣，我們越是想要忽略，就越會放大負面情緒對我們的影響與控制。

真正讓人裹足不前的不是負面情緒，而是認為自己不應該有情緒、或「沒有能力」解決問題的錯誤心態。別再問孩子什麼時候才會好？才會不傷心？何時回歸「正

常」？這些大人認爲需要盡快解決負面情緒的「積極態度」，才是壓垮孩子的最後一根稻草。從「後悔」到「重來一次」的想像練習，不可能實現的情節能給孩子充分的空間思索，下一步的我該往哪裡去，又該如何向世界表達自己。

閱讀書單

《洞》
路易斯·薩奇爾　著
（Louis Sachar）
趙永芬　譯
2015年／小魯文化

《瓶中迷境》
Meg Wolitzer　著
2016年／親子天下

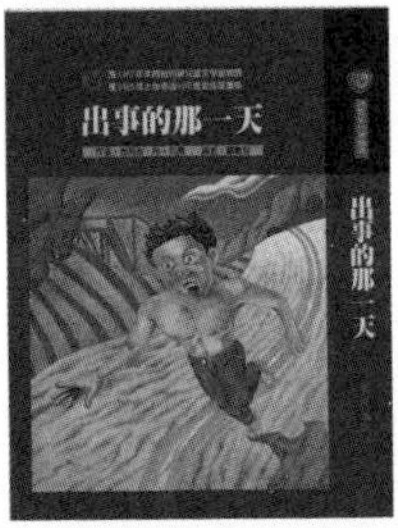

《出事的那一天》
瑪利安·丹·包爾　著
2001年／東方

《第N次11歲的生日》
溫蒂·梅斯　著
2015年／小麥田

想像力就是你的超能力

童話讓孩童自己在幻想中決定，那些故事所揭露，關於人生和人類本性的內容，是否要套用在自己身上，又該如何運用。

——瑞士心理學家．皮亞傑

現實卻又充滿想像的小學生

當孩子還小的時候，總喜歡大人讀故事給他們聽，並且對童話裡奇誕荒謬的情節深信不疑，比如說：書裡的樹會說話，天上會同時有三顆太陽，有牙仙和巫婆……這類的想像力被認爲是創意來源，展現在童年的各類創作裡。不過當孩子步入小學，開始學習科學、數學，孩子們不再輕易地被童話打動，甚至還會說：「怎麼可能這樣，那一定是騙人的啦！」

有趣的是，嘴裡老愛吐槽大人騙人的孩子們，卻仍然對科幻類、超現實、超能力類的小說毫無抵抗之力。

以歷久不衰的羅德．達爾系列作品爲例，幾部改編爲電影的《巧克力冒險工廠》《吹夢巨人》《飛天巨桃歷險記》，將兒童生活上面臨的挫折與困難轉換爲怪物和關關考驗，運用想像力紓解嚴重的焦慮與壓力。當故事戰勝壞蛋的同時，孩子們就能獲得「精神上的勝利」。

不只羅德．達爾看見擁有權力的大人加諸於孩子身上的災難和限制，國際插畫大師、《野獸國》作者莫里斯．桑達克（Maurice Sendak）也認爲童年時代有殘忍，也有憤怒，並非一片光明美好。現實生活中的孩子想要獲得精神勝利都很不容易，因此，小說再次擔任情緒出口的重責大任，「擁有超能力」便是兒童文學裡重要的實踐手段。

為了生存而發展出來的超能力

《瑪蒂達》小說裡的主角，原本只是個特別喜愛閱讀的聰明孩子，在家裡因爲身爲女生、又太過聰明而被爸媽輕忽討厭，在學校也因爲不討喜而被校長盯上。

書中這位校長可說集所有大人的缺點於一身：不聽孩子的解釋、體罰暴力、輕蔑藐視、耍弄權威……瑪蒂達平日運用點小聰明暗示教訓爸爸和校長，卻反而招致更強的壓制，沒想到，她累積的憤怒竟然有天變成「隔空移物」的超能力。瑪蒂達不斷探索練習這個突如其來的超能力，加上精心布局的情節設計，最後運用這個超能力讓粉筆自動在黑板上寫字，終結了作惡多端的校長。

《瑪蒂達》書裡唯一的好老師，象徵著現實中同樣委屈被欺壓的好大人，也是靠瑪蒂達的超能力解救才得以脫離惡人控制。「超能力」在此意味著自身被逼迫進化的結果，套一句大人版的抱怨金句：「如果幸福，誰想要這樣？」

當然，不是每個孩子都像瑪蒂達一樣個性堅強勇敢。根據不同氣質特質的孩子，古今中外的童書作家們也「發明」出各種超能力選項，幫助孩子們用想像力重建秩序，並協助自己度過當下難關。

超能力的各種樣子，大人看懂了嗎？

寫出《湯姆歷險記》的馬克．吐溫，深知勇敢機靈的主角湯姆和哈克，在現實生活裡畢竟難得一見，那其他溫順的孩子遇到困難該怎麼辦呢？馬克．吐溫唯一留下文字紀錄的床邊故事《強尼的神奇種子》，故事的主角便是另一種樣貌的孩子；天性善良的強尼飢餓弱小，卻把最後一隻雞施捨給市場乞討的老婦人，只換來一堆種子。爺爺死後，強尼無人依靠，只能吃下種子開的啾啾花止飢，從此擁有「聽懂動物的話」的超能力。

爲了找到國王重金懸賞的失蹤王子，善良的強尼靠著動物們給他的線索，不僅替被誤會爲兇手的巨人們洗刷冤屈，也成功讓國王父子團圓。擁有語言超能力的強尼領悟了人與人之間、人與動物間的歧視與仇恨，最後選擇用最善意簡單的一句話「很高興認識你們」畫下和解的休止符。

另一本《13歲的超能力》則光明正大地滿足了孩子本身擁有超能力的夢想。與衆不同的白家人，每個孩子滿13歲時，都會發現自己獨特的超能力，比如說：大哥的超能力是放電、二哥能招喚暴風雨；再兩天就滿13歲的女孩白密席，在生日前夕不禁揣測自己到底有什麼能耐？

然而還沒等到生日那天爸爸就出了車禍，白家女孩偷偷出門想去醫院看爸爸，在這趟她單獨一人的旅程中卻一波三折，沒想到耽誤了行程，竟然必須自己過生日、領受屬於自己的超能力。面對突如其來的超能力，白密席領悟到必須加上更多自我覺察與自我控制的能力，才能避免自己成爲別人眼中的災難。

當然，超能力未必是呼風喚雨、飛天遁地，就算身爲平凡人也沒關係。有時候不一定要自己擁有超能力，慧眼識英雄也有得救的機會！

《會寫詩的神奇小松鼠》顧名思義，擁有超能力的不是人，是一隻被吸塵器吸進去但劫後餘生的松鼠尤里西斯。一隻會用打字機寫詩的松鼠？誰會相信這種事呢？但卻有兩個孩子深信不疑！

一位是憤世嫉俗的女孩佛蘿拉，一位是自稱「創傷引起暫時性失明」，永遠戴著墨鏡的男孩威廉。他們看見尤里西斯寫詩後，決定誓死保護這隻「超級英雄」，不讓媽媽或任何人傷害牠。

在與大人對抗的過程中，兩個被視爲怪咖的孩子也試圖尋找認同他們的大人，並從中探究「相信」與「期盼」對自己的意義：「……因爲相信可以得到一切，也不會因此失去什麼。如果我相信這樣的事可能存在，這個世界會增添一些美麗。」

這兩位家庭功能並不完整的孩子，他們想守護的不只是大人覺得荒謬的超能力松鼠，更是自己心中期盼的家，他們向我們展現的，是另一種「願意相信」的超能力。

廣受歡迎的漫威電影裡，每個英雄也都有屬於自己的超能力，但面對壞人時仍然隨時可能被打趴，最後讓他們勝出的，都是超能力之外的「善良」與「信念」。

童書和少年小說裡的超能力，不論是哪一種故事，都想傳達給孩子這種尚未發現的情操與意志。故事的情節不過是一種障眼法，讓孩子們能暫時過渡理解令他們困擾的事件，真正能帶領他們衝破迷霧的，其實是自己身上獨一無二的特質與天賦的最佳組合。

閱讀書單

《瑪蒂達》
羅德．達爾　著
2016年／小天下

《強尼的神奇種子》
馬克．吐溫、
菲立普．史戴　著
2018年／小麥田

《13歲的超能力》
英格麗・羅　著
2009年／小天下

《會寫詩的神奇小松鼠》
凱特・狄卡密歐　著
2014年／東方

青春就是一場華麗的冒險

有些人25歲已經死亡，直到75歲才被埋葬。

——富蘭克林

每個人都會死，但不是每個人都真的活過。

——威廉·華萊士

欲望驅使行動

身爲母親和腦神經科學家的法蘭西斯·詹森博士在《青春期的腦內風暴》裡明確指出，比起兒童或成年人，青少年更輕易冒險，他們被好奇和尋求刺激的欲望驅使著的行為，如果不是為了冒險，那就是為了反抗。

想想的確如此，像是因為想做過去沒做過的事，不惜反抗大人的阻止或勸告；或者剛好相反，想對某些事情、觀念做出明顯表態，所以必須幹些「轟轟烈烈的大事」明志。但不論是上述哪一種因果，青少年想傳達的訊息再明確不過：「我有能力掌控自己的人生！」

有些父母的確難以想像，怎麼自己以前就沒那麼多「HOLD不住」的衝動？滿腦子哪來那麼多怪想法？還有自我感覺太過良好，竟然認為自己具備應付挑戰的能力，淨挑些危險的事情做？

把時光倒轉回去，過去人類的平均壽命沒有那麼長，人生階段的畫分年齡與現代不同，有些青少年已肩負起部分家庭責任，為了求學或工作離家到外地居住者也不在少數。

當時青少年大多必須離開安全的生活圈，開始學著成為獨立個體，這也可以說是一場華麗的人生冒險啊！這樣說來古今中外的青少年並無二異，只不過以往忙著應付求生、適應環境，看起來不像「冒險」。

當社會型態變化日趨複雜，現代的青少年看似被「卡」在各類考試學習壓力之下，但他們的生理大腦其實沒變，這一切都得怪發育尚未完全的額葉皮質。

腦神經科學家指出，青少年的確具備與成年人相似的邏輯能力，但額葉皮質鬆散尚未成熟的結果，就是與其他區域連結度不高，無法預見事情的發展或不了解行為後果，以至於無法衡量危險行為造成的傷害。

另一方面，青少年大腦因為多巴胺被釋放，掌控喚起與獎勵的神經元系統特別敏感，也就是說，青少年行為的主要預測指標並不是對於風險的認知，而是對獎勵的期待，即使明知危險存在。

我們總算找到科學證據，了解為什麼青少年老是「過度樂觀」「愛找麻煩」，結論就是他們判斷風險能力不足，而且越冒險，得到的獎勵與滿足感也越大。至少，孩子們真的不是故意針對我們唱反調的！

抵擋不住的冒險熱血，需要大人的「守護」不是「保護」

提到冒險，多數人立刻聯想到的詞是「危險」。

不論是身體生理上的損傷，或是心理創傷、誤觸法律的風險，一不小心可能需要付出難以預料的代價。因此即使了解年輕人的熱血衝動，想保護孩子的大人反應也很極端。

比如說《泡泡紙男孩》書中的查理媽媽，整天神經兮兮提心吊膽，爲了保護孩子不受傷、極其所能的想辦法降低各種生活風險，連裝飾聖誕樹都必須戴上蛙鏡，只爲了避免千萬分之一被松樹針葉插入眼鏡的意外，更別提從事什麼運動或活動了。像是被一層層泡泡紙包起來、連單車都不能騎的查理，在團體裡簡直就是異類，自然成爲被霸凌嘲笑的目標。

查理的身體是安全了，那麼其他部分呢？不能忍受查理受傷的媽媽絕對沒有預料到，他在學校反而被同學們拳打腳踢。防止碰撞的泡泡紙也同時隔離了查理和同儕團體，甚至這個「被禁止觸碰」的世界彷彿也跟他無關。

生命自會找到出口。從未眞正反叛冒險過的查理，背著媽媽選擇危險強度最高的滑板特技當作證明自己的方式，這項適合矮小身材的運動讓查理如魚得水，最後在向家人宣示展現自己的時候，才發現媽媽爲什麼極度保護他的心碎原因。

也許你覺得故事情節有些誇張，但現實生活中有些父母的行爲相去不遠：讓孩子自己走路或搭車去上學？別鬧了！離家過夜去旅行？那老師一人可以照顧幾個？吃飯吃得營養嗎？晚上會查房嗎？……還是算了，等孩子大一點再說吧！

當我們擔心、無法放手時總會這麼安慰自己，起碼「留得青山在」，要做什麼還嫌沒時間嗎？

大人的保護心態不變，孩子「長大的那一天」就遙遙無期。而有些事，一旦過了某些時間，孩子好像也不想做了。這時我們又開始擔心，怎麼孩子變得膽小懦弱、無法挑戰新的事物呢？

另一本小說《單車迷魂記》則提供不同的父母典範。

書中主角葉飛血氣方剛，被老師取消參加遠征鵝鑾鼻的單車挑戰資格而氣憤不已，竟然想獨自上路超前行程，給老師同學們一個「大驚喜」。途中，他遇到另一位因先天糖尿病而被勸退參加的女同學，她跟葉飛一樣，爲了證明自己也單槍匹馬展開這趟壯遊。

這兩位瞞著所有大人的少年，雖然各自事前做了準備，但孩子畢竟是孩子，低估了環境、高估了自己，正如腦神經科學家所言，他們想的都是成功之後的快感和喜悅，遠超過對行爲風險的評估。

《單車迷魂記》的冒險沒有讓孩子們失望，一路上高潮迭起，結合台灣本土傳說和社會現實，半路遇到鬼、遇到跟蹤者，最後甚至誤闖了毒梟藏在魚塭的工廠啊！

小說讀來自然精采萬分，但若自己是書中主角的爸媽，知道孩子落跑出門又會怎麼辦呢？

原來，主角的爸爸發現之後，打電話連繫沿途的朋友，拜託大人接力當那位「跟蹤者」，默默守護在孩子與女同學的後面，以不打擾不干預的方式，讓孩子在最低的安全底線上，進行屬於自己的青春大冒險。

如何冒險，決定了自己的人生極限與意義

《少年鱷魚幫》這本後來被拍成電影的小說，裡面的冒險情節可不是騎單車這麼「健康」。開頭第一頁便是鱷魚幫成員要求想加入團體的男孩漢納斯，爬上廢棄磚瓦屋頂的「試膽大會」，不料漢納斯在爬下來時發生摔滑意外，其他成員見狀一哄而散，只有用望遠鏡旁觀的輪椅男孩打給消防隊，才在最後屋瓦崩塌之際救下漢納斯。

不願意美化青少年的瘋狂衝動、寫實的《少年鱷魚幫》展現某些孩子遊走法律邊緣的冒險：孩子們專挑大人「禁止」的事物挑戰權威；闖入廢棄工廠、擅自在森林

保護區搭祕密基地等，這些大膽、無視後果的行爲，爲他們帶來與衆不同的「成就感」，不過，當面對眞正的罪犯侵犯到家人與社區時，誰能料到這群麻煩的青少年卻是比警察還靠譜的保護者呢！

的確，任何冒險都有風險，兒童人權之父柯札克在《如何愛孩子》中有句名言：「孩子有死亡的權利。」這句尖銳刺耳的話，大力敲擊父母最脆弱之處。

正因爲「我們的孩子不是我們的孩子」，我們必須還給孩子生命的主導權。這並不意味著我們必須全然放手，而是在孩子的意志與意願之下，協助孩子積極賦能完成心之所向，共同做最好的準備、也一起承受最壞的結果。

不論是《泡泡紙男孩》《單車迷魂記》或是《少年鱷魚幫》的少男少女們，他們看似都是衝動自負的青少年，但事實上每一個人都不同，就算是同樣騎單車也未必原因相同。

透過實踐這些冒險，他們了解自己的能與不能、並完成對自己的期許和想像。自我冒險中的挫折也和日常生活裡的失敗不太一樣，不僅不會帶來嘲笑或責怪，還能激發內在的復原力和韌性，發現平日連自己都未曾察覺的那一面。

人生就這麼一段大腦被允許不夠成熟的時間，或許正是爲了鼓勵我們向外開拓跋涉，到自己能到的最遠地方插旗，而脫離青春期後我們將漸漸回頭務實，進入人生下一個階段。那麼，是否我們能讓親愛的孩子，在我們的協助下打包行李、獲得充分訊息與知識，以「賦能」的概念祝福他們對世界的冒險犯難？

閱讀書單

《單車迷魂記》
廖炳焜　著
廖若凡　圖
2017年／小魯文化

《少年鱷魚幫》
麥斯・范德葛林　著
2012年／親子天下

《泡泡紙男孩》
菲力・厄爾　著
2015年／小麥田

無聊卻有意義的鳥日子

我喜歡無聊的事物。

——安迪・沃荷

是「真」無聊，還是「假」無聊？

說到「無聊」，很多人承認帶有點罪惡感。「無聊」常和消極、失敗的形象連結，暗示著自己不夠忙、不夠充實；好像我們非得做些什麼不可。

若大人認定無聊很「無聊」，自然不能容忍小孩喊無聊。

身為爸媽，在每個階段「害怕孩子無聊」的原因不太一樣：當孩子還小，多數是希望有人陪伴，只要大人願意放下手中事物花點時間，孩子會立刻提議一起做些什麼活動。此時的無聊不是無聊，是一種期待有人互動的邀請說法。

而青少年抱怨生活無聊時，多數大人心中會產生的反感，不再是擔心自己被點名陪伴，而是對「無所事事」有意見。

有些人認爲青少年尚在求學階段，怎麼可以覺得無聊？也有人對青少年浪費生命、荒度光陰，一群人成天鬼混的行爲感到不滿和焦慮：「時間都不夠用了，怎麼還會無聊？」

德國心理學家馬丁．杜勒曼進一步探討無聊這回事，他認爲「情境無聊」與「存在無聊」其實不太一樣。

情境無聊指的是情況造成的無聊或純粹無聊，像是長途旅行或是乏味的談話，存在無聊屬於心靈上感到空虛、孤獨和疏離感的感受。

一般人當然不會無聊到去「分析」無聊，但不可否認，這樣分類的方式能幫助我們與無聊共處，不再避之唯恐不及。

這樣來看，先把主角丟進「情境無聊」裡的《悶蛋小鎮》更有意思了。

轉學到花蓮小鎮依親的國中生丁一丁，與從事資源回收的阿嬤相依爲命，在這個必須連署才能挽救自強號繼續停靠的小鎮，一開始簡直要了阿丁的命。

這個以花蓮玉里爲發想背景的故事，呼應大家口中「好山好水好無聊」的刻板印象，阿丁和同學們如同時下青少年一樣精力旺盛，然而缺乏都市裡多元豐富的活動、五光十色的各類娛樂場所，在「什麼都沒有」的超悶小鎮，該怎麼打發渾身是勁的青春時光？總不可能一直念書吧！

主角阿丁常做的事之一，就是騎車在小鎮最熱鬧的圓環繞來繞去，窮極無聊的殺時間，也讓他很快地融入小鎮節奏裡。在這些看似重複不變、單調無趣的生活中，反而讓阿丁學會觀察細節，療癒剛萌芽就失敗的初戀，甚至看了歌仔戲、加入國中生組成的紅辣椒車隊，反覆從不同人口中聽到的傳奇故事，讓他一步步從無聊中找到生活樂趣，領悟那些大人教不來的人生滋味。

阿丁的故事告訴我們，當「存在不無聊」的時候，情境無聊也就不攻自破，這與我們說「獨處卻不寂寞」是一樣的意思。

畢竟無聊的時候能想的事情可多了。

知名作家艾倫．狄波頓藉由《無聊的魅力》一書，讓我們一窺作家腦中對生活細節的反芻與觀察。比如藉由一場約會思索眞實的自我，或者走訪一趟動物園進行思考，想想人與動物的差別。即使身在乏味的城市，只要是內心充滿趣味，我們也能欣賞平淡與寧靜。

這些能對環境抽絲剝繭、連結思考的「抽象能力」，正是下個世紀最需要的創意來源。在商業社會裡已逐漸重視空白的無聊時間，證實無聊的時候反而能刺激大腦潛意識運作連結各項資訊，產生平常意想不到的靈感。

《越無聊，越開竅》一書裡指出，人越年輕，就越常做白日夢，尤其是兒童和青少年。白日夢能讓我們有新的見解，也能提供娛樂或能量。

有趣的是，大人似乎比孩子更害怕無聊上身，汲汲營營崇拜忙碌生活，科技省下的時間也不知道用到哪去，成天嚷著「沒有時間」和孩子相處，於是孩子們被迫排滿學習行程與待辦事項，就算排除情境無聊的可能，卻產生了龐大的存在無聊。

別再害怕孩子覺得無聊，那正是青少年們探索自我、思考人生定位的好機會。我們唯一需要面對的現實難題，是如何不讓孩子們（像大人一樣）在電玩遊戲、社群軟體裡逃避無聊！

《越無聊，越開竅》的作者給決心不再沉迷3C的人非常多的建議，其中有關重拾「童年驚奇」，我們可在許多青少年小說裡找到各種有趣的生活實驗：

學學《通心粉男孩》里克從人行道一條通心粉，推敲周邊鄰居的生活習慣。

找朋友一起進行《作文裡的奇案》，觀察同一時間的街頭片段，看看寫下來的東西一樣嗎？

跟《湯姆歷險記》的湯姆和哈克一起冒險犯難，他們怎麼打發夏日時光？

模擬《祕密地圖》裡的主題，如：某某老師的腦袋、媽媽的抽屜、老哥的房間，用畫畫紀錄分類這有趣的世界。

與《一點點機會》的露西一樣拿起相機，按照書裡攝影比賽的徵件主題練習，或者大玩借位、光影遊戲。

如何？從無聊裡找事做一點都不難！

《一點點機會》
辛西亞．洛德　著
2017年／小天下

《通心粉男孩》
安德里亞斯．史坦哈弗　著
2016年／遠流

《悶蛋小鎮》
張友漁　著
2013年／親子天下

《祕密地圖》
安德魯．克萊門斯　著
2015年／遠流

《作文裡的奇案》
伊夫．葛維　著
李楹　譯
2016年／小魯文化

《湯姆歷險記》
馬克．吐溫　著
2018年／東方

普渡自己的黑色幽默

當人們死亡時，生命不會停止好玩；就像當人們笑時，生命不會停止嚴肅一樣。

——喬治・伯納・蕭

過度正確，扼殺了孩子的幽默感

還記得孩子剛進小學，開學和同學熟稔後，回家便會傳唱起各類押韻打油詩，有些我們小時候也聽過，只不過改了幾個韻腳的字，像是什麼美國隊長穿內褲啦；有些則是「全新創作」，無厘頭拼接的詞彙，讓小孩每唱必笑，團唱必瘋！

正如童書作者貝西・拜爾斯（Betsy Byars）所言，禁忌永遠有趣，二年級生最有趣的字彙是「內衣」！

孩子總能隨意將自己生活裡的各種片段改寫入歌：被罵被罰寫、營養午餐有夠難吃，還能偷偷把哪位老師的特色置入進去……只要押對韻腳，就能立刻成為「小學生裡的方文山」，作品傳唱一時好不風光。然而，不知道什麼時候開始，三四年級的打油詩產量銳減，高年級的孩子已經快將小時候的開心金曲遺忘，問起來，記憶裡也只剩支離破碎的片段。

隨著年齡成長，我們不再有機會讓孩子從生活裡欣賞幽默（事實上可能也根本沒有），而是以各種規矩教養為名，期待孩子外在行為正襟危坐、內心世界也要正經嚴肅。

想想在餐桌上、教室裡，我們是否情不自禁地要孩子安靜一點、專心一點？想想邊吃邊聊的歐洲用餐場景，對我們來說簡直是浪費時間又混亂不堪的場面。

走進大孩子的班級，撲面而來的是一陣沉鬱的氣味。

人生在世這十幾年，他們學習到的生存之道是壓抑自己感受，等到控制不了而爆發時，往往已經變形為某種充滿惡意的行為。再試著看進孩子的眼睛裡，你才驚覺孩子早已與我們失去連結，你根本不認識眼前的人。

我常常想，若他們還能保留笑看人生的幽默能力，幾首無傷大雅的打油詩就能笑得開懷，找到「同是天涯淪落人」的撫慰，重新看見人生流沙裡被忽略的閃耀光芒，說一說唱一唱，也就不那麼難過了。

人生發給每個人的牌原本就不同，拿到一手爛牌、又不能馬上就翻桌走人時該怎麼辦呢？特別是對孩子來說，更能體會「身不由己」的痛苦。

「過度正經」的人生，缺乏失敗的彈性

相較於西方文化對幽默的深度研究，華人社會裡最接近幽默的行為應該是「開玩笑」。但缺乏接受玩笑的社會氛圍讓我們拿捏尺寸不易，愛開玩笑的人「下場」都不會太好，於是「嚴肅認眞面對人生」成為我們追求的態度，「積極向上」也成了唯一的人生方向，但電視台不斷重播、歷久不衰的周星馳電影系列又該怎麼解釋？

周星馳受訪時曾說：「我演的電影明明都是悲劇，為何你們都覺得是喜劇？」

也許我們骨子裡都需要黑色幽默的點滴，才能增加我們對困境的免疫力啊。

長久以來，幽默是哲學家和心理研究人員的一個重要議題，也證實是孩子人格成長的重要關鍵。

心理學家佛洛依德對於幽默，曾提出「張力解除論」，意思是幽默為所有人的生物性基本衝動提供了一個可接受且安全的出口；臨床心理學家路易斯．弗雷奇尼表示，具高度幽默感的孩子，在面對各類低度自尊的成人創傷時，比較不會脆弱無助，進而導致過度害羞和抑鬱。幽默也證實能協助孩子克服校園霸凌、令人發窘的情境、全新的社交環境等環境與生理壓力。

繪本裡常見的各類幽默，青少年小說中少見許多，反而比較常出現類似霸凌的「惡意玩笑」，讓大家唯恐避之不及，似乎忽略了幽默在應付成長挑戰時的重要功能。

台灣的《倪亞達》和英國《無頭蟑螂的狗日子》的兩位孩子，代表著不同年代卻極為相似的「悲慘世界」。兩本小說都以孩子的第一人稱為寫作視角，主角均來自功能不全的單親家庭，不只得應付學校功課、人際關係，還得每天為三餐擔心煩惱，甚至必須幫大人收拾善後。

無法守護孩子的大人，讓孩子背負著全部的生活壓力，主角則透過幽默之眼，找到支撐自己的各種方式，並發展出獨特的人生觀。

好比5年級小學生倪亞達（書名就是主角大名）的口頭禪：「眞是令人不屑。」對那些恥笑他的人、他羨慕卻無法得到的、發生在他身上的衰事，通通藉由這句話處之淡然，他自成一格的「倪氏解讀法」，協助自己度過了無數個令人啼笑皆非的災難現場。

另一本《無頭蟑螂的狗日子》裡，15歲的羅倫斯．章郎，他酗酒又無力扶養孩子的媽媽無預警逃家，留下6歲的弟弟卻沒留下半毛錢，羅倫斯不僅得說謊應付隨時盯著自己的房東鄰居，避免自己跟弟弟被社工強制安置，還得處理學校老師、弟弟保母的懷疑詢問。

連找食物吃活下去都有困難了，他還有力氣找回媽媽嗎？羅倫斯為了領出戶頭剩餘的錢買食物，只好大玩變裝戴假髮、塞奶穿絲襪，把自己假扮成媽媽去銀行……

再瞧瞧這本書的原名《*15 days without a head*》（直譯為「沒有頭的15天」）！

羅倫斯從廚房滿地爬的蟑螂領悟人生道理，甚至因此答對電台猜謎冠軍關鍵題：「下列哪一種倒楣生物就算被切掉了頭也不會死？」B. 蟑螂！

叮咚叮咚！正是如此！幽默不但有助於活或化大腦，還會釋放出讓人感到快樂的「腦內啡」，其效果就如同我們去跑操場或打了一場汗如雨下的羽球般，讓人可以從幽默中拋開憂愁與煩惱，有助於減輕身心壓力。

不同年紀階段的孩子，對於幽默偏好也不一樣：5～7歲的孩子喜歡謎語、冷笑話，低俗的笑話被高度欣賞（這點倒眞的挺符合現況），誇張荒謬的形容詞是典型的幽默形式；8～10歲的孩子延續著童年笑話，可以一再重複卻不厭倦，還漸漸加入雙關語的玩法；11～12歲的孩子顯然隨著發育，加入更多對身體、性的觀察，創造更複雜的笑話；而13歲以上的孩子幽默喜好與大人非常類似，主題和語言也更清楚明確，此時他們已能發展出自我解嘲的能力，當然也有惹怒父母或其他人的本事。

《奧黛麗的青春狂喜劇》也是一絕。

一位因爲校園霸凌而休學的女孩，待在家裡也很難輕鬆。她有位沉迷線上遊戲的哥哥，常惹得直升機老媽發瘋失控。

害怕與人眼神接觸、常戴上墨鏡的奧黛麗，得靠著自我對話，和內心無止盡的自嘲小劇場，才能度過混亂的每一天。

正如她的心理醫師與她分享的人生哲理：「沒有人說變好，是一條斜斜往上的直線。」只要往對的方向前進，多繞點路又何妨？

西方喜劇泰斗卓別林說：「人生近看是悲劇，遠看是喜劇。」當孩子以爲自己的人生悲慘無比之時，除了找出問題癥結幫助孩子，不妨也試試幽默療法，讓幽默拉自己一把，那麼或許就有力氣再次走進人生，當個最稱職的、無人可取代的最佳主角。

回歸大地之母的心靈療法

未來屬於執悉自然的人。

——李察・洛夫

對於古怪又神祕兮兮的少男少女，大人總有看不順眼的地方：服裝不整、態度不佳，不是要死不活就是暴戾衝動，對念書這種正經事提不起興趣，似乎為了反抗而反抗，整天跟朋友同學瞎混言不及義，為了一些無關緊要的事劍拔弩張……

除了幼兒時期，青春期是人類第二次的重要發育階段，偏偏此時大人的影響力銳減，導致我們耗去太多時間在表象行為上與孩子衝突。

我們越是焦慮、越容易在枝微末節上做文章，搞得自己跟孩子筋疲力盡，還不斷消耗過去累積的信任與關係。若我們往上追溯變化的源頭，應該好奇的是：他們會被什麼事情激勵？怎麼樣才能讓他們想想自己深思未來？如何重拾對生命的探索與熱情？

這些問題就像是火車頭，只要能找對開關、催發動力，便能沿路飛快奔馳。

創始自然學習運動的李柏蒂．海德．貝利（Liberty Hyde Bailey）說：「教育的最高境界，是使人對生命具有感受力。」

迷失自我的孩子們一到孕育萬物的自然裡，重回大地之母的懷抱，不論是短期的探索旅行，或是長期沉浸其中生活，漸漸地都能重新與自我連結。

網路上也有句話說：「There is no WIFI in the forest but I promise you will find a better connection.」（在森林中沒有網路，但我保證你能找到更好的連結。）

這可不是空口白話。不同時代的青少年小說裡，隨手都能找到「自然療法」的故事，更別提有志一同的作者們在各自情節裡傳遞著相同的訊息：讓孩子接觸自然吧，他們絕對能找到最合適的心靈導師，也許是一匹狼、一隻鳥、一隻海獺、一棵樹或是……自己。

不論選誰作伴，大夥兒仍在大自然這位校長的眼皮底下，祂從來不是位和顏悅色的長者，但絕對保持中立公平，每個人的行爲都有立即回饋，孩子們能很快從經驗中找到邏輯原則，好好領受每一堂專屬自己、獨一無二的課程經歷。

生命總有意外，突破舒適圈的失與得

1719年初版的《魯賓遜漂流記》是大人記憶裡的荒島英雄，不讓魯賓遜獨領風騷，1961年獲得紐伯瑞金獎的《藍色海豚島》至今也是經典：因爲救弟弟而意外留在孤島的12歲女孩卡拉娜，必須獨力求生，誰也不知道何時能脫困，但眼下最重要的就是想盡辦法活下去，結果一待就是18年。

另一位大紅大紫的13歲布萊恩，則是以《手斧男孩》榮登青少年冒險王寶座：原本是喜愛漢堡和奶昔的城市男孩，因爲搭乘的小飛機駕駛心臟病發而失事迫降野外，靠著一支手斧的荒野奮鬥史鉅細靡遺，精采逼眞，一連出了五集，甚至騙倒《國家地理雜誌》，還以爲是眞人眞事想要採訪。

以上三位的重要共通點，正是「意料之外的人生」。他們可不是福靈心至，自願走進森林考驗自己，而是人生突然轉了個大彎，「迫不得已」的無奈心情滿至喉頭，想哭的忍不住、該罵的也許一個髒字也沒少，但這些都解決不了眼下的飢餓和危機，唯有面對才能活下去。

這有點像我們呼籲孩子「突破舒適圈」的意思。但找罪受眞的不是人的天性。當日子安逸、思維模式固定，任何生理心理的改變都會帶來恐懼，想要孩子打破現有慣性思維與僵化的生活型態，的確需要一些外力引導。

所謂的「外力」型態多元，父母最簡單可做的，便是抽離原有的干涉與協助，要求孩子爲自己行爲負責，不再幫忙收爛攤子、不提供更多金錢資源，盡量不再接送孩子、改變週末家庭生活的安排方式、一起做些從未嘗試的運動等，這些都是塑造情境與環境的改變。選擇一兩項開始執行，這些都可作爲跨出舒適圈的一種準備。

國外有位戶外推廣者曾訪問一位小學四年級的學生，這位學生說：「我喜歡在室內玩，因爲室內有插頭。」由此可見，想要青少年脫離冷氣和電力不是件容易的事。

《失去山林的孩子——拯救大自然缺失症兒童》書裡列舉各領域的報告與科學資料，顯示大自然的確能讓孩子情緒穩定、學習獨立，甚至對身體與精神狀態有明顯的療癒作用。

大自然是情感創傷的療養所，書裡也蒐集抗憂鬱的醫學報告，除了藥物之外，大自然的確能緩解壓力降低發病機率。

近年來，教育改革中廣受肯定的「冒險教育」以「任務導向」（亦有人稱PA教育，Project Adventure）的方式，邀請喜愛刺激挑戰的青少年踏出舒適圈，例如：繩索活動類的攀樹、攀岩，或是獨木舟、登山等，藉由體驗某項活動重新反思過程裡的感受與學習。

即使從事的戶外活動不同，大自然給孩子的第一課絕對是：只能靠自己！沒有人能幫你走路、使力，許多孩子經歷精疲力盡、情緒崩潰之後，都有辦法發揮潛能完成挑戰。

「我就是我所擁有的一切」，這是手斧男孩布萊恩鼓勵自己的重要金句，也是重新認識自己、更新自己的起點。

大自然最溫柔的耳語，教你學會接受與失敗

從家裡到戶外的距離未必遙不可及，失敗的主因往往來自對大自然錯誤的期待與想像。莫非定律在此時依然適用，一路上想著網路上美不勝收的風景照片，但當你越是「一定」要看到，就保證越看不到。

大自然裡，「變化」是唯一不變的規律，一切都是「不可控制的因素」。

特別是變幻莫測的天氣，總是能給我們不同的啓發：同一時間山腳下豔陽高照，

山腰煙霧瀰漫、山頂卻正上演閃電秀。每一種天氣都是地形、濕度、風向的綜合結果，天氣絕非「針對你來」，當然也不會「因你改變」。

上述野地荒島的求生小說裡，類似的情節不計其數，這些正是給孩子最佳的心性考驗：你只能選擇接受並且改變心態。

《別怕孩子被熊吃掉》是一本給父母培養「野孩子」的指南。書裡直接指出在大自然中，要抱著「完美就不好玩了」的心態。不論是挑戰時身體的不適、因應氣候而無法達到原訂目標、或者因爲裝備不對必須忍痛放棄等，都無法怪罪於任何人。

孩子不會再定義這些事爲失敗，而將它們稱之爲「經驗」，再回頭面對現實生活裡的磨練，早已超越原本的心性，簡直是小巫見大巫了。

人與自然的課題，也是生命意義的探索

大自然在少年小說裡的角色並非都是嚴格導師，經典小說《柳林中的風聲》便展現自然柔美溫暖的一面。

從作者的優美文筆中，跟著擬人化的動物主角們從一條河開始，探索「家」的眞正意義。這本充滿五感書寫、能與孩子互動的自然田園詩歌作品，讓許多孩子開啓對自然的好奇與好感。

同樣來自英國作家筆下的《狂奔》，則毫不猶豫展現大自然的無情，以及面對人類惡行而脆弱不堪的一面。

小說敘述一個因戰爭剛失去爸爸的男孩威爾，與母親到印尼展開一趟療癒旅行，卻因爲海嘯再次經歷喪親之痛。

動物們憑著天生偵測危險的本能，讓當時騎在象背上的威爾逃過一劫。與大象烏娜同行，在叢林裡求生的威爾遇見了瀕臨絕種的紅毛猩猩，面對人類濫捕動物、砍伐焚燒森林的威脅，紅毛猩猩與無言的森林一樣無力抵抗，而威爾與大自然之間的關聯也對他的人生產生了巨大的變化。

幸好小說永遠不變的使命是帶來未來的希望。

《樹上的時光》描寫的是一位14歲的自閉症少年馬奇，他對樹木的熱愛遠超過任何事物。不只是親近樹、練習爬樹，爲了守護樹木的光影氣息，任何與樹相關的生態都是他的守護範圍，因此當他知道巨大鷹樹面臨被砍伐開發的危機時，想盡辦法克服自身障礙，成功拯救一片森林。

「難道就不能單純地因爲我極度渴望某種東西，所以甘願爲之冒生命危險嗎？」這是馬奇少年在書裡的最後一句話，也或許正是其他孩子有機會從大自然裡得到的啓發禮物。

人原本就屬於自然，我們卻對它充滿恐懼與控制欲。這本小說還給讀者一個回憶初心的機會，人生到底想要追求什麼？做任何事的動機又是什麼？

《樹上的時光》
韓奈德 著
2018年／寶瓶文化

《柳林中的風聲》
英格·莫爾 著
2010年／國語日報

《藍色海豚島》
司卡特·歐德爾 著
2018年／東方

《狂奔》
麥克·莫波格 著
（Michael Morpurgo）
麥倩宜、王介文 譯
2017年／小魯文化

《手斧男孩》
蓋瑞·伯森 著
2012年／野人

第三章

用閱讀打暗號，從共讀中培養溝通默契

當孩子說謊

——《發癢的天賦》

莫里斯．葛萊茲曼　著
2010年／遠流出版

給大人的閱讀準備

每次我介紹這本書，全場都會眼睛發亮，小孩開始變得渾身發癢，巴不得手上立刻有這本可以啃；大人則因爲戳中自己心虛的點，也覺得身體發癢起來。但不論怎麼個「癢法」，小說裡的故事都能讓大家突然安靜下來，發現自己人生中許多「矛盾的信仰」。

這本書的故事設定很簡單，主角某一天發現自己得了某種怪病，只要聽到不符合事實的描述，胸前的乳頭就會開始發癢。

由於發癢的地方實在令人難以啓齒，光是描述病情就可能讓人發笑，想跟朋友訴苦還得考慮再三，一不小心還會流傳千里。更別提跟爸媽說，大人要不就過度反應、要不就一笑置之，誰會相信呢？

此時男孩心中說不出的「苦悶」，讀者們應該也曾有同樣心情。通常介紹到這裡，一定有孩子會忍不住交換詭異的眼神，搭上曖昧的偷笑，有些人交頭接耳竊竊私語：「我也想要這種病，超酷的啊，馬上可以知道誰說謊耶。」想想的確如此，這樣也不會交到欺騙自己的「壞朋友」了。

俗話說：「人心隔肚皮。」這種「發癢辨識超能力」的確能馬上知道別人是否欺騙我們，還可以推敲出別人心中眞正的想法，不要說小孩想擁有這種特異功能，大人也超心動的，再也不用猜測孩子是否說謊。

然而在書中，男孩似乎與我們多數人的想像恰恰相反，不僅每天飽受發癢之苦（想想打開電視看廣告的時候），還要擔心自己因此早死（過往有這特異功能的通常活不久），但最令他煩惱的是，他竟然開始不想知道事實的眞相！

原來，最大的謊言就在自己家裡。

《發癢的天賦》不像一般小說，有意無意地指責大人說謊。

書裡的父母如同你我般，出於想給孩子安全感而說出善意謊言，但從日常對話中，他得知爸媽的感情不睦、家中經濟狀況面臨困境，大人強顏歡笑、一手遮天的善意謊言，卻被這可惡的乳頭一一戳破！

再也沒有任何人可以隱瞞他什麼事情，但是一個小學生又該如何消化承受這一切呢？誰又來界定「善意的謊言」呢？若孩子考試考壞了，知道父母絕對無法承受這樣的事實，說不定爸爸還會怪媽媽沒把孩子教好，這時孩子偷改成績、謊報分數可以嗎？各種「善意的謊言」會不會引發不同的連鎖效應呢？

不僅如此，書中主角發現幾個禮拜下來，連朋友似乎也沒幾個可信了，幾乎每個人都對他說過謊，爲了不讓大家知道他的「怪病」能辨認言語的眞假，書中主角只好配合大家演出繼續照常過日子，那這樣算不算善意的謊言？

原來我們奮力追求、一個「只有眞相」的世界眞的這麼令人痛苦？

孩子們的思考能力遠超出我們想像，那些曾經被捉弄過、欺騙過的孩子們這時會急著大喊：「不對不對！刻意欺騙別人的謊言當然不行，不然詐騙集團都可以放出來了！」

《發癢的天賦》並未忽略大人擔心的道德邊界與法律界線，透過小說後半部主角爲了籌錢治病、參加電視問答大賽的情節設計，帶出現實中仍須注意的灰色地帶；從哲思的層次到現實生活中的規範，讀過這本小說的孩子，莫不愛上這些令人燒腦情節。這個故事可以陪孩子走一段很遠的人生之路。

這時再想想孩子曾「說謊」的事實，說謊便不再是教養失敗、行爲偏差的表象而已，此時大人小孩都已經有不同的看法與解讀，一觸而發的衝突也就能轉換爲更多有意義的思考與討論了。

給孩子的思考讀書會

說謊可說是人類趨吉避凶的原始本性之一，關於眞與假、說謊的行爲與意義，一直是各領域津津樂道的議題，也是日常生活中與孩子最容易開啓的哲學話題，畢竟孩子們這方面「很有經驗」。

毛毛蟲兒童哲學基金會創辦人楊茂秀老師曾有一首詩，很適合搭配《發癢的天賦》作爲親子討論的破冰起點：

欺騙重要的是騙人的話不一定是假的
欺騙不好　老師這麼說
欺騙不好　爸爸媽媽這麼說
誰沒被騙過？　大人常常騙小孩
小孩也因此學會騙大人
聰明的人常常被傻瓜騙
有人被騙會高興　有人被騙會生氣
說謊不一定是欺騙　有時那是下台階
有人習慣騙人　卻不能忍受欺騙　但是
欺騙重要的是騙人的話不一定是假的

——《安拿生找傻瓜合作捕魚》

PART1／文本內容分析與對焦

①主角爲什麼不喜歡這種發癢天賦？書中透露出的原因有哪些？
②爸媽爲什麼要對孩子隱瞞家裡情況？部分隱瞞事實算說謊嗎？（書中的定義算是謊言，孩子可發表自己的看法）
③爲什麼主角知道大家對他說謊卻沒有生氣？
④你覺得主角最後對眞相與謊言的看法是什麼？

PART2／發展自我的看法與價值觀

在等待孩子回答前，爸媽可先分享一些自己過去的經驗，或者自己對問題的看法，若孩子提到對爸媽的判斷，也無須辯解做回應，只需要傾聽孩子的看法即可。

①如果可以選擇，你會想要有這種超能力嗎？爲什麼？

②書中的情節安排是有這種天賦的人都會早死，你覺得這代表什麼意義？

③楊老師的詩寫著：有些人被騙會高興，有些人被騙會生氣，你覺得是這樣嗎？生活中或書中有沒有類似的情況？

④如果只能選擇一種，你比較希望騙人還是被騙？爲什麼？

⑤詩中有句：「有人習慣騙人，卻不能忍受欺騙」，你想想有誰是這樣嗎？

PART3／回應現實生活的考驗

①想像一下，你會因爲什麼理由可能說謊或隱瞞部分事實？

②我們什麼都能說眞話嗎？你的判斷標準是什麼？

③如果說謊被拆穿，可能會有什麼後果？

孩子的延伸對話

A：「老師，你有說過謊嗎？」

我：「當然有，不然還算是個人嗎？」

B：「那你也有被騙過嗎？」

我：「應該有吧，但說也奇怪，我印象中沒有想起什麼特別的事件。還是說，我是那個被騙的人，所以不一定會知道自己被騙？」

A：「有啦，聖誕老公公就是你被騙的例子啊，哈哈哈。」

B：「那你的意思是你不能拿聖誕禮物喔，因為你不相信聖誕老公公嘛！」

C：「很多大人還是相信聖誕老公公啊，如果大家都相信了，不就變成真的。不然幹嘛放假？」

我：「好問題！如果大家都相信一件事，就可以算真的嗎？」

A：「不行啦，哪有這樣的，大家又不可能是全世界，『大家』要多少人才算？」

B：「老師，聖誕老公公是大家甘願被騙，被騙得很高興啦，不是相信喔。我也不信，可是我想被騙拿禮物啊，沒什麼不好。」

我：「所以如果有好處的話，真的假的你都覺得沒關係，是這樣嗎？有沒有別的例子？」

C：「ㄟ，那如果有人要你去騙人就可以賺錢，這樣不就是詐騙集團？」

B：「這樣當然不行啊，會被警察抓啊。」

C：「可是聖誕老公公應該不算謊話吧，那是一種想像力啊。」

A：「想像就是假的啊，又不是真的。」

B：「我就希望是真的，所以想要相信是真的，不可以嗎？又沒害人。」

C：「天啊！聖誕老公公說不定是最厲害的詐騙集團耶。」

孩子們各自發展的思考線看似平行，卻又息息相關，延伸出各式各樣的「謊言」，還有沒有其他更多種呢？

當孩子不聽話

——《魔法灰姑娘》

蓋兒・卡森・樂文
（Gail Carson Levine）
趙永芬 譯
2007年／小魯文化

給大人的閱讀準備

幾乎每個孩子都聽過灰姑娘的故事，這本小說以大家耳熟能詳的經典爲基底，讓孩子們備感親切。在開頭處就立刻切入重點的筆法，又能讓孩子感受到截然不同的情節軸線。

故事裡的灰姑娘愛拉，一出生就因爲啼哭，讓前來祝賀的仙女順口說出：「我給愛拉的禮物是聽話，愛拉永遠都會聽從命令。孩子，不要哭了。」

這笨仙女的禮物在睿智母親耳裡是可怕的「詛咒」，任何人都可以用一句直接的命令控制愛拉，如果不照著做，愛拉就會開始感到窒息、噁心、頭暈直到照辦為止。

雖然這是虛構的情節，但仔細想想，現實生活中眞有不少這樣的人：凡事盡力配合他人、想符合要求者的期待，或難以開口拒絕別人，而這也是《魔法灰姑娘》想要探討的課題——「聽話」與「自我價值」。

雖然爸媽當然不希望孩子成爲容易被控制的濫好人，但心中多少仍有些遲疑：爸媽不會害自己小孩啊，聽話可以少走好多冤枉路，還可以避開危險！這樣到底有什麼不對？

但我們再想想，若孩子未來要有能力對付瞎起鬨的朋友、同儕、或是拐彎抹角想占便宜的人，又會是什麼模樣？

書中愛拉的母親爲了保護女兒，只敢讓貼身照顧的保母曼蒂知道這個魔咒，然而對愛拉極爲呵護的她有時也不免便宜行事，運用這個弱點，差遣愛拉替自己跑腿。雖然沒有大害，卻讓愛拉深刻感受到不自由，反而刻意想辦法避開命令。這似曾相識的情節時常發生在我們身上，當我們又累又倦的時候，巴不得孩子說一不二、別那麼多問題，一切照辦就好啊！

有句英文諺語說：「通往地獄的路，往往都是善意鋪成的。」事實上，「聽話」

眞的不是父母可以隨意切換的「開關」，一旦走上順從這條路，就等於必須拋開自己的想法和感受，漸漸喪失思考的能力，絕對是一條回不去的路。

千萬別以爲故事只有這樣，這些「前菜」不過是爲了闡述愛拉的限制，眞正影響人生的挑戰正要開始。

當愛拉的母親過世，後母帶著兩個姊姊入主同住時，你能想像會有多少災難即將發生？打破傳統灰姑娘的順從宿命情節，愛拉爲了解除咒語追求眞愛，踏上離家冒險的追尋之旅。

故事最後回到灰姑娘的美好結尾，愛拉終於解脫，得到幸福快樂的日子，只不過她的「快樂」很不一樣：「能做決定眞是一件暢快的事。我眞喜歡自由地說是或不是，而能夠拒絕讓我特別高興。」

別誤會，這本小說並非鼓吹孩子「不聽話」，愛拉在冒險旅途中，也需要採納他人建議才能脫險。

這個故事開拓了一個討論空間，讓親子有機會好好交流彼此的判斷準則：哪些話該聽、哪些話背後又隱藏著目的？不受詛咒困擾的我們何其幸運，應該好好表達自己的選擇和意見，不是嗎？

給孩子的思考讀書會

和孩子討論這本書，目的並非決定最後「要不要聽話」，而是將「聽話」這個對孩子來說避之惟恐不及的動詞，拆解成更細緻的對話。政治哲學家漢娜鄂蘭提出的「平庸的邪惡」，正是提醒我們不經思考的服從，很可能造成集體盲目而犯下前所未有的錯。

PART1／文本內容分析與對焦

①愛拉明知道自己不服從命令的話會身體不舒服，爲什麼還要故意反抗受苦？

②在禮儀學校的時候，愛拉因爲服從老師的話而進步神速，愛拉自己的感覺是什麼？你猜猜爲什麼？

③仙女後來又給了愛拉爸爸與繼母一份禮物：在你們活著的每一天都將彼此相

愛，愛拉覺得這份禮物如何？你覺得呢？

④爲什麼愛拉喜歡王子卻又不敢和他結婚？這和她服從命令有什麼關係？

PART2／發展自我的看法與價值觀

①如果仙女也送你禮物，你會想要什麼禮物？爲什麼？

②聽不聽話對你而言，可能跟那些因素有關係？你的判斷標準是什麼？

③生活中有沒有需要聽話的時刻？聽話曾經給你帶來什麼好處嗎？

④愛拉最後解除咒語，重新擁有自由選擇的能力。當你可以選擇的時候，你會想要聽什麼話呢？

PART3／回應現實生活的考驗

①你會想聽誰的話？爲什麼？

②不喜歡的人說的話，就一定是錯的嗎？反之，自己信任的人說的話，你有可能不想聽嗎？

③規則和法律也是要大家「聽話」的方法，你覺得有沒有存在的必要？爲什麼？

④明明知道對方說的是對的，你卻不想聽，爲什麼會這樣？那該怎麼辦呢？

延伸對話

我：「聽話真的有這麼慘嗎？有沒有人有好的經驗？」

A：「我聽我媽的話要好好刷牙，所以後來就沒再蛀牙，不然拔牙好可怕。」

B：「喔，這也算聽話喔。」

我：「為什麼不算？如果是這種聽話，大家想想還有沒有別的例子？」

B：「我都只想到我媽叫我不要看電視、早點去睡覺這種話。」

我：「所以？你聽了沒？有聽話嗎？要不要分享一下你的經驗？」

B：「ㄜ……有聽沒有到，做不到！」

我：「ㄟ，那既然大家都沒有那麼聽話，為什麼對這本書感覺這麼好？該不會是找到一個正當理由吧？」

C：「對啊，我們可以跟爸媽說不能要我們聽話，那樣很危險的。」

我：「你要不要多說一點，在你生活裡可能會發生哪些危險？大家也可以幫忙想。」

A：「可能有大人會說小孩應該聽話，然後就騙小孩，對他做不好的事。現在很多新聞都這樣啊！」

B：「有些一點道理都沒有啊，只是為了大人方便。他要我們睡覺就要睡覺，不能打電動就不能打電動，這樣不對。」

我：「多解釋一下，這樣哪裡不對不好？」

B：「萬一大人只是為了自己，說不定害了小孩都不知道。我打電動因為我心情不好，那不讓我打電動我去打人怎麼辦？是不是很危險？」

C：「是別人很危險吧！」

C：「你很愛亂扯，可是讓我想到另一種危險，就是如果大家都聽自己的話就好，那有可能會打起來。」

我：「那是不是又要討論出一套大家得好好遵守、服從，也就是聽話的規則了呢？說到底，聽話還是很重要的對吧！」

當孩子面對親人死亡

——《雪山男孩與幻影巨怪》

琳達・紐伯瑞　著
2016年／小麥田

給大人的閱讀準備

人生無奈，世事不盡如人意，這大概是很多大人的感嘆，回頭說不定還會跟孩子說：「當小孩多棒啊，什麼都不必管，只要把自己該做的事做好就好。」若就日常生活裡的待辦事項來看，這個描述還算中肯，畢竟孩子還在長大，能力也尚在發展中，「把自己管好」就已經幫了爸媽一個大忙。

然而沒有能力「管」，不代表「沒影響」。

《幫助每一個孩子成功》的作者就蒐集了許多資料，證明「非認知能力」對人生的影響：為什麼有些孩子長大會有成就，有些孩子卻迷失方向？這些非認知能力包括自我控制、好奇心、毅力、樂觀、熱忱等，而「童年創傷」正是影響孩子們學習動機與非認知能力發展的重要關鍵。

兒時的逆境經驗包括各種家庭失能（離婚、分居、心理疾病、成癮問題）、漠視身心需求甚至虐待。有些情況看似沒有直接波及孩子，壓力創傷的痕跡卻深深烙印在他們腦中。

《雪山男孩與幻影巨怪》觸碰的正是最敏感、最難言喻的家庭關係：一向自由任性、熱愛自然並擔任高山嚮導的父親，離家出走後沒再回來，家中頓失經濟支柱和依靠，其他成員的心理和生活樣貌也起了變化。

媽媽強打起精神，維持家庭運作；身為家中唯一男性的小男孩托瑪必須一夜長大，要幫媽媽幹勞力活、要跟著一起表面堅強、也要承受同學流傳的謠言。

很多事大人不會知道啊！

比如說托瑪暗自懊悔著那天上學前，與爸爸因口角而脫口說出：「你脾氣不好的時候，我不想和你作伴。」沒想到這句話，卻成了和爸爸說的最後一句話。

托瑪知道媽媽說爸爸很快會回來的時候忍著痛，別人也開始找更年輕的嚮導取代爸爸的工作，還有……他越來越不喜歡跟同學在一起，托瑪覺得自己跟他們有那麼一點「不一樣」了。

這種「不一樣」的孤單感，往往是開始走向叉路的起點。現實生活裡，孩子每天上學下課、補習作業，這些細微心思的翻動，實在很難被筋疲力盡的大人察覺出來。《雪山男孩與幻影巨怪》前半部，用平易簡單的生活描述，提醒著大人孩子們天生敏銳善感的心思。當孩子察覺家庭變化，又超過自身負荷的極限時，在許多方面就會有明顯的轉變。

另一本小說《神奇的寫詩小松鼠》，則提供我們不同版本的「抗壓」劇情：一位自稱「天生憤世嫉俗」的女孩、一位自稱因創傷引起暫時性失明（但其實沒有失明），成天帶著墨鏡的小男孩，他們來自不同原因離異的家庭，因爲一隻松鼠結識相惜，一起想辦法度過心中最難熬的過渡時期。

當孩子出現令人不解的行爲、或是外觀上堅持做出某種改變，或許大人也能視爲一種線索，循著這條求救繩往回追溯，有什麼變化正困擾著孩子們呢？

青少年小說也公平地向孩子傳達：有很多事，即使大人知道了也沒辦法。

在《雪山男孩與幻影巨怪》中，托瑪的媽媽和村裡大人沒有打算去找爸爸，高山的寬廣加上每天討生活的壓力，除了等待與接受別無他法；另一本《怪物來敲門》中，男孩主角面對的是罹癌的媽媽，即使是醫生、親近的外婆和已另有家庭的爸爸一起努力，也挽救不了將盡的生命。

生命不全是征服、得到的過程。

孩子們從小說中預習「接受」的課題，從自己最信任的安全堡壘——家，以及最依賴最信任的父母身上，學習看見大人的脆弱。

每個人雖然緊緊連動著，卻有一部分誰也幫不上忙。托瑪正是意識到只有自己可以做點什麼，才促動著他獨自上山尋父。這趟旅程讓男孩領略大自然的無常考驗，也意外證實父親的死亡，並揭開父親隱瞞多年、連母親都不知道的祕密。

書名的另外一個重頭戲「幻影巨怪」，則是留待給讀者的餘韻高潮。

這個眞實存在大自然的奇幻現象，從一開始的象徵恐懼，到結束時代表的重生力量，原來都是取決於人當下的心境映照，暗喻著「想像的恐懼」與「恐懼的想像」無時不刻充斥在我們的潛意識中。上網搜尋一下，每個大人孩子都會驚呼連連：小說，眞的都是虛構的嗎？

給孩子的思考讀書會

PART1／文本內容分析與對焦

①托瑪的爸爸是位高山嚮導，從書中的情節和描述裡，你認爲托瑪爸爸的個性如何？爲什麼會讓家人感到困擾？

②爲什麼托瑪想冒險去找爸爸回家？他爲什麼一直想到幻影巨怪？

③回程時，修道院裡的修士跟托瑪說了些什麼？你覺得這些話對托瑪產生什麼影響？

PART2／發展自我的看法與價值觀

①你認爲幻影巨怪到底是眞的還是假的？

②書裡的爸爸隱瞞自己結婚有家庭的事實，你覺得爲什麼會這樣？

③托瑪的爸爸似乎決定離開他們，你認爲托瑪可能會有什麼感受？你認爲他還會繼續愛他嗎？

④你認爲托瑪最後有原諒他的爸爸嗎？爲什麼或爲什麼不？

PART3／回應現實生活的考驗

①當爸媽的行爲讓你感到失望的時候，你會怎麼跟父母反應？還是悶不吭聲過去了就好？

②你也曾跟爸媽說氣話嗎？說氣話之前、正在說的時候和說完之後，感覺有什麼不一樣嗎？說完之後事情有比較好嗎？

③如果你是托瑪，你會怎麼告訴媽媽有關爸爸的死？誠實比較好，還是保留某些令人傷心的事實？你判斷的標準和原則是什麼呢？

延伸對話

我：「大家都看完書了吧，請問一下幻影巨怪到底是什麼？是真的還是假的？」

A：「我覺得是假的，那是托瑪自己幻想的啦，就寫說是幻影了啊。」

B：「我覺得那是作者的比喻啦，想要比喻托瑪的夢境之類的。」

C：「應該是真的吧，因為一開始就寫他爸爸看過啊。你們沒認真看耶。」

A：「那段不是托瑪夢見他爸爸跟他說話嗎？」

我：「先暫停一下討論，我想到一個主意，可不可以請大家在白紙上畫出你腦子裡的幻影巨怪。然後我們輪流欣賞一下。」

大家畫出來的幻影巨怪都不一樣，有的滿是塗黑、有的只有邊，各有形體動作，唯一相同的地方就是「大」。

我：「如果大家畫出來的都不一樣，那哪個才是真的？『真的』的東西會讓每個人看到的不一樣嗎？」

B：「對耶，那這樣就算看到巨怪也不覺得是真的。」

C：「不對不對，就算我們說是『桌子』，也會有不同形狀啊，那跟真的假的沒關係。」

A：「老師我頭很痛，可不可以告訴我答案，到底幻影巨怪是真的嗎？」

我：「給你們一個機會翻書，書都看完了還不知道，可能代表你並沒有真正看完。請自己翻一翻之後，我們十分鐘後再討論一次同樣的問題。」

不到十分鐘，大家面露尷尬的微笑。

我：「怎麼樣啊？還說書都看完了，不用問我答案啦，最後作者的話都沒看對吧！來吧，現在我找到幻影巨怪的真實影片，大家一起親眼見證一下吧。」

當孩子犯下大錯

——《阿國在蘇花公路上騎單車》

張友漁　著
2016年／親子天下

給大人的閱讀準備

身爲現代父母，面對複雜多變的社會現實，有時候心中最大的壓力不是孩子未來是否能出人頭地，而是千萬別「變壞」、走向不歸路。

近年來幾件震撼社會的隨機犯案事件，犯案者的父母無法進入孩子內心世界的無助，已深深留在每個大人心中。正是這份擔心使然，日常生活中我們對「小惡」特別敏感：拒學、說謊、打架、霸凌、偷竊等，這些錯誤與心中恐懼相互呼應，彷彿像電影般遙遙投射出未來的負面形象，因此當下我們急著給孩子嚴厲的斥責警告，似乎這樣也能逼退腦中驅之不散的陰霾。

《阿國在蘇花公路上騎單車》裡的主角阿國是位高中生、另一位主角林正義是剛退伍出社會的大人，他們各自因為不同原因騎上了艱辛危險的蘇花公路，在一次閃躲砂石車的隧道口相遇，展開一段共騎的人生旅程。

阿國過往的「豐功偉業」不少，眞要細數的話，從小學五年級偷抽菸、拿小刀誤傷人，到國中拿球棒結群鬥毆，後來到雜貨店缺錢偷菸……雖然意外救了被搶劫的老闆一命，卻因為不甘心被騙寫悔過書，竟然憤而放火燒了雜貨店，差點嗆死住在隔壁的小孩。

幸運的阿國在雜貨店老闆不願追究的寬容下，僥倖地保持「身家清白」。

當孩子犯錯，我們總會氣急敗壞地告誡孩子：「你應該知道要做什麼才對！」既然知道，那為什麼「故意」不做呢？

或許我們會多問一句：「為什麼你要這麼做？」然而不論孩子說些什麼，大人總是難以理解，僅僅因為生氣、憤怒，就能成為衝動犯錯的理由嗎？

孩子對異樣眼光和隨意添加的惡意評論絕對敏感難忍，這類型的「生氣」，比起一般說的情緒隱含更多意義。

情緒就像連鎖反應一樣，一顆球滾下去會啓動好多機關運作，在旁邊觀看的人都眼花撩亂、反應不及，更不用說身在其中的啓動者。

阿國在被迫寫的悔過書裡，回憶了自己過去的親身經歷，給了我們當頭棒喝：

除非你這輩子都沒有犯過任何錯，否則你將揹著那個汙點走到生命的盡頭。生命中的有些記憶，你不必刻意去記它，自然會有一些人幫你記住……總是有一些曾經圍繞在那件事周圍，或者和那件事剛好沾到一點邊的人會不斷的提醒你。於是這份記憶就這樣寄存在別人的記憶裡。

小學五年級犯下的錯，就像是那顆啓動連鎖反應的球。我們大人該盡的責任，究竟是在旁邊出聲喝止，還是伸手把球拿走，暫停連鎖反應？

另一位年輕人林正義，則是在經濟拮据時起了貪念，被告順手牽羊同事的錢，又在出庭時路見不平和別人吵了一架，一時衝動，把人推下河去……從法庭出來後，鄰居、朋友們的眼光，讓他深感「前科犯」的標籤無法從身上撕下。

故事裡一個大人、一個孩子的角色設計，提醒我們身而爲人，沒有人能保證從今以後不會犯錯。

大人（林正義）留下前科紀錄，孩子（阿國）被原諒，沒有留下案底，這唯一的差異，卻讓兩個人犯錯後的心境截然不同：大人面對未來的絕望，和阿國仍然保持樂觀希望的態度，正是提醒我們這些旁觀者，我們對犯錯者的眼光，其實是他們能否重生成功的關鍵！

全書最令人捏把冷汗的情節，莫過於在危險的蘇花公路上碰上大坍方，這場考驗身心極限的意外，讓他們共同悟出人生的解方：用更好的表現「覆蓋」昨天的前科。讓昨天的自己死去，下一秒則是全新的自己。

知名心理學家阿德勒曾說：「責備一無是處的自己，永遠無法得到幸福。唯有勇氣認同現在的自己，才能成爲眞正的強者。」孩子讀完這本有點「自虐」又「自救」的小說，相信能學習到如何拉自己一把的心法。

阿德勒曾說過一句話：人只能透過失敗來學習，藉由失敗的經驗，守護自己「想要改變」的決心。書中的兩位主角都經歷過重大的失敗，也被貼上不同的標籤，但卻展現了想要守護自己人生的意志。我們來思考一下這些「異」與「同」：

PART1／文本內容分析與對焦

①阿國和林正義爲什麼各自選擇去蘇花公路騎車？代表什麼意義？

②爲什麼林正義這麼在乎別人說他是個賊？他和阿國爲什麼騎到一半突然吵架、用言語互相攻擊對方？

③阿國爸爸對他的管教方式如何？阿國的感受是什麼呢？

④阿國最後爲什麼覺得林正義是個了不起的人？

PART2／發展自我的看法與價值觀

①林正義覺得犯罪的人有些是蓄意的，只要觀察就能知道，但是阿國不以爲然，你認爲呢？誰能預測或決定犯罪者是不是故意的？

②阿國說：「我沒有說出來就表示我沒有在反省嗎？」你認爲什麼才是眞正的反省？反省需要讓別人知道嗎？爲什麼？

③爲什麼傳老闆知道阿國是縱火犯卻不報警，反而原諒他送他腳踏車？你曾經原諒過別人嗎？原諒別人和原諒自己哪個比較容易？爲什麼？

PART3／回應現實生活的考驗

①阿國說他可以自己作主，如果不想讓縱火這件事一直浮現就可以讓它不出現，只要堅信「前一秒鐘的自己已經死亡」就可以。你也能自己作主嗎？你會怎麼

做呢？

②林正義說每一個人都擁有多重身分，邪惡與善良、魔鬼和天使，你曾經遇過自己的魔鬼嗎？後來發生什麼事呢？

③你覺得自己也有「被別人記住的前科」嗎？對你造成什麼影響？又怎麼處理自己的感受呢？

延伸對話

我：「挖，單車騎花東真的很厲害耶，上下坡很多而且大卡車從旁邊呼嘯而過，還有點危險，沒有毅力和勇氣的人半路就放棄去吃冰了。」

A：「上次我有參加一個夏令營活動，也是在公路上騎車，感覺很不一樣耶，雖然旁邊人很多，可是你會覺得只有自己一個人。」

我：「哦？那是傳說中的『孤獨感』嗎？」

A：「我覺得是『放大感』，因為只能靠自己啊，大家都是小孩，沒人可以幫你的時候就只好撐下去，所以會覺得自己很偉大。」

我：「說得真好，『放大感』也許是建立信心的一種過程。」

B：「他們很奇怪，對別人生氣，還找自己麻煩吃苦，要是我就不會這樣。」

C：「那又不是吃苦，那是想找一件很厲害的事情做，可以發洩心裡的不爽啊。」

我：「那你都找什麼厲害的事情做？」

B：「打球啊！那是自己喜歡的事情，也可以發洩不爽。」

C：「嗯，我會找一件平常想作但不敢做的，那時候因為生氣就敢了。」

A：「那老師你會做些什麼發洩？」

我：「我會一直走路耶，我很生氣的時候就會想一直走，不管走去哪都不要停下來，最後好像就可以把事情想清楚一點，然後不生氣之後就會肚子餓，去吃東西就會覺得好滿足喔……」

B：「我也是耶，肚子餓的時候就去大吃一頓，然後就很開心。」

A：「可是老師邊走有邊想事情，你打球又沒想清楚在氣什麼，根本就是逃避現實，隔天還不是一樣。」

C：「所以我去做平常不敢做的事，也是因為想要有放大感吧！」

我：「嗯，可能是喔，我們一起來想想還有什麼時候，你們會有類似『放大感』的感覺吧！」

當孩子受挫、自信低落

——《那又怎樣的一年》

蓋瑞．施密特 著
2017年／小天下

給大人的閱讀準備

「那又怎樣？」是許多人的口頭禪，說不定你我也都曾說過這句話。

不論是真的還是裝的，當下我們想表現出天塌下來也蠻不在乎的態度，那種灑脫、無所謂的樣子真是有點帥……也有點討人厭，對吧？當有人拿什麼條件要脅自己，一句「那又怎樣」就能讓對方碰個大釘子；要是對象是老闆、老師或是大人，加上挑戰權威的成分，這場衝突大戲才揭開序幕而已。

但這句「那又怎樣」若是對自己的喃喃自語呢？背後又是怎樣的心情故事？

踏入青春期的孩子開始發展自我意識，以自我為中心的思考角度容易產生「放大效應」，覺得自己特別倒楣、任何事似乎都衝著自己來，心中怨氣不曾消散，難免陷入低潮、注意力不集中；不只如此，「放大效應」也讓孩子容易以受害者的身分自居，開始自編自演、「以怨養怨」，一點小事就暴跳如雷，彷彿全世界都虧欠他似的。

真的會有人天生就「衰」，而且一直「衰」下去嗎？《那又怎樣的一年》可以先給孩子們一個比較值。覺得自己不幸、倒楣？那跟書中主角比比看如何？

《那又怎樣的一年》的英文書名為《*Okay For Now*》（可直譯為「現在還可以」），主角道格是家中老三，我會說他的人生真的蠻悲慘的：有個愛喝酒的家暴父親加上愛欺負他的哥哥，為了家裡工作搬到一個無聊小鎮，轉學後生活也很不順。比如體育老師特別愛找他麻煩，還被老師發現有閱讀障礙；家裡經濟拮据，他未曾有過「別人沒用過」的衣服和東西；打工時碰到難搞的怪咖顧客；在戰爭中失去雙腿的大哥回家後找不到工作；身上有被爸爸強拖去刺青的蠢話；爸爸的酒肉朋友還偷走了自己唯一值錢的簽名球……

總之，不斷被大人一直否定的負能量人生，讓道格領悟出來的人生哲學就是：

「每當你覺得人生很美好的時候，就會發生一些不好的事來破壞一切。」

看過不少報導和統計數字，我們知道這世界上包括台灣，的確存在著這樣的家庭和孩子，他們對應逆境發展出來的生存之道各自不同：有些孩子個性剛烈、體格健壯，選擇「來硬的」以表反抗；有些孩子則如同書中主角道格，身材瘦小、個性溫順，展現的是另一種默默隱忍、逆來順受的求生法則；或像道格哥哥一樣，長大後複製自己被對待的方式，將自己武裝防備起來。

《那又怎樣的一年》能安撫焦慮、不知所措的家長們，那些不願強硬反擊的孩子也能有韌性十足的生命力與復原力。

翻開目錄更讓人好奇了，從第一章到第十章全是不同鳥名：北極燕鷗、紅喉潛鳥、雪鷺、褐鵜鶘……每次孩子問我，《那又怎樣的一年》到底是什麼故事，我都回答：「這是一個比衰比爛才能得冠軍的溫和小孩，如何度過還剩很久的餘生的故事。」

孩子們聽完都會大笑。畢竟說翻轉人生太過勵志、太過用力，如何擺脫度日如年的末日感，說不定連大人都想知道。

這個故事是從圖書館玻璃櫃裡，那本每個禮拜翻一頁展示的鳥圖鑑開始。道格看見正在墜落的北極燕鷗，從牠恐懼的眼神、無法轉身的翅膀、垂死的掙扎中，道格感受到牠的害怕，也同時感受周遭世界的漠然以對。

每一隻鳥的情境與眼神動作，道格都深感共鳴，大自然的美與殘酷同時呈現，正如生命的美麗來自它的脆弱，一本如藝術品般的圖鑑深深療癒了小男孩。不過這本值錢的圖鑑不僅是鎮館之寶，也是小鎮籌措財務的方式之一，當財務困難時竟然被分頁賣出。

而一個小小年紀、對自己人生感到無能爲力的孩子，卻立志要把每一張賣出去的殘頁找回來！這本圖鑑成爲道格生活中的重要動力，他開始學臨摹畫畫，漸漸地發現自己獨特的優勢，自信像是水墨畫第一筆的黑點般，逐漸擴散開來。

我們也能在這本書裡找到某部分的自己，書中刻畫許多不同大人的樣貌，真實反映現實社會的現況：精明勢利的雜貨店老闆、教道格畫畫的圖書館員、喝酒家暴的爸爸、壞朋友、暖心關懷的老師、看他就是不順眼的教練、對弱勢孩子歧視的警察、充滿善意正直的工廠老闆……

每一個大人不經意的舉手投足、隻字片語、眼神表情，孩子都能從中找到自己的解讀和線索，道格的自信隨之逐漸崩塌陷落，再被善意一片片拼補而重生。大人不必太過刻意做些什麼，只要順從自己內心的善，對孩子來說都有巨大的影響力，一點也不比火箭升空還要遜色。

「你知道那是什麼樣的一種感覺嗎？」每當道格完成一件令自己驕傲的事，就會說這句口頭禪，輕描淡寫的口吻卻掩藏不住內心的振奮喜悅。

後來，我也將這句話分享給周遭的孩子們。當我們膽怯於各種新挑戰時，不妨和道格學習，定義自己小小的成功，從趴著到蹲著、從蹲著到站著、再從站著練習跳高，碰觸激勵自己的最高點。

最後，書裡提到的圖鑑來頭可不小，據說目前是全世界最貴的印刷書籍，作者奧杜邦的故事和書裡提到的各類巨鳥與風景，就留給大家和孩子去探索吧！

給孩子的思考讀書會

PART1／文本内容分析與對焦

①道格的老師說：「這世界上有些事情是我們無能爲力的。之所以會發生那樣的事，並不是我們的錯，雖然我們還是必須面對。」你覺得她指的是什麼事？她想表達或暗示些什麼？

②當道格開始讀《簡愛》時，周遭大人的反應有哪些？代表什麼意思？

③爲什麼李德教練這麼古怪暴躁，特別想找道格麻煩？

④道格爲什麼希望把圖鑑上所有的畫都找回來，這對他來說有什麼意義？

⑤工廠老闆巴拉德在道格爸爸口中、跟他書裡描寫的本人，爲什麼有這麼大的不同？

PART2／發展自我的看法與價值觀

①老師發現道格有閱讀障礙，想私下幫他補救的時候，爲什麼要騙他是參與一個識字計畫？幫助一個人需要注意那些事情？

②不管別人怎麼說、有什麼證據，道格相信他的哥哥沒有做壞事，最後事實也證明如此。你覺得相信一個人需要什麼原因或條件？要如何知道該不該相信一個人？

③道格把自己的家稱爲垃圾堆，你覺得他喜歡垃圾堆嗎？爲什麼？

④書裡有句話常常重複：「你知道那是什麼樣的一種感覺嗎？」你覺得代表什麼？你也有過想說這句話的時刻或經驗嗎？

PART3／回應現實生活的考驗

①道格在生活裡找到自己關注的重心，在一步步完成目標時，似乎也改善了自己的處境與別人的看法。你覺得這種方法有用嗎？

②道格在書裡常常被爸爸或教練找麻煩，你覺得當一個人針對自己找麻煩的時候該怎麼辦？他們這樣做的原因可能有哪些？

③圖書館員包爾先生爲什麼教道格畫畫？這對道格的意義是什麼？你有沒有類似的經歷呢？

延伸對話

A：「我也要把那句話掛在嘴邊，『你知道那是一種什麼樣的感覺嗎？』」

B：「這句話被你一說，怎麼感覺很像恐嚇啊？你知道那是一種什麼樣的感覺嗎？」

我：「別鬧了啦，你們到底知不知道道格說這句話的感覺啊？」

A：「我知道啦，每次都是他有一點成就感的時候，就會說這句話。」

B：「我只是在想，為什麼作者要這樣寫？就直接寫他覺得做什麼事感覺會很爽就好了啊，幹嘛一直重複這句話。」

我：「好問題耶，我很喜歡作者這樣寫，我猜因為同時他也在表達道格還沒有自信，所以用這句話委婉表達，你們覺得呢？」

C：「也可能是道格不想讓人家知道，很低調，想要自己開心就好，跟我一樣。」

我：「對耶，不論是沒自信而想把自己藏起來，或是天生就低調、不喜歡張揚，透過這句話都能讓我們感受到不同的表達效果，果然你也是深藏不露！」

A：「喔，我沒想到我會開始討論小說裡的一句話耶，好文青喔，你知道那是一種什麼樣的感覺嗎？」

B：「那是一種我聽你說完很噁心的感覺，表情可以不要那麼欠揍嗎？」

我：「我也這麼覺得，好好的一句話就被糟蹋了。那這樣好了，我們現在來為A量身定作寫一句話，當他覺得自己成就感get的時候，可以安排哪句話，既符合他的個性又能表達他的心聲。寫寫看就知道，這其實一點都不簡單。」

當孩子受朋友影響

——《小步小步走》

路易斯・薩奇爾　著
（Louis Sachar）
趙永芬　譯
2013年／小魯文化

給大人的閱讀準備

當牆上的身高尺已經不夠用時，我們會突然驚覺，孩子「向外」尋求建議的次數越來越多，但我們熱心提供的意見卻往往被「冷處理」。孩子充耳不聞還算溫和，有時一句「不用你管，我又沒問你」「關你什麼事，你又知道什麼了」，絕對能引爆家庭大戰。

明明都還是一群小孩，怎麼就覺得自己無所不能、無所不知了？每天總黏在一起、出些爛主意，還為此洋洋得意……若不小心看見孩子的聊天內容，那與現實生活裡判若兩人的用詞口氣，恐怕會讓我們懷疑孩子是否誤交損友、已一腳踏上歧途？

根據心理學家表示，同儕關係確實可以幫助青少年歷經個體化的過程，而最顯著的行爲之一，就是孩子在意自己是否爲某團體的一份子，並根據自己在這些團體中的「地位」，進行與自身相關的決定。這是青少年們這階段定義自己是否「成功」的關鍵因素，而不是我們想的成績單和榮譽獎狀。

然而爸媽腦中小劇場擔心的是：萬一想要爭取「地位」或是三人「成群結膽」，一時糊塗該怎麼辦？朋友究竟是益友還是狐群狗黨？關於這點我們和孩子的判斷鮮有共識。

在青少年處於衝動、講義氣的階段，我們需要讓孩子學著辨認朋友的邀約好壞、守住自己的行爲底線，只爲了讓孩子們知道，「一腳踩空」到底要付出多少代價。

《小步小步走》，說的正是犯錯之後的重生考驗，以及誤信朋友、差點又讓自己毀於一旦的故事。

你能想像自己的綽號叫「腕窩」嗎？能接受被叫「腕窩」的人，又是什麼樣的人呢？我無法想像他是個兇惡的人，也許是天性使然，或只是想避開是非，總之大概是個逆來順受、不想惹事的人。

當你知道人高馬大「腋窩」曾經在少年管訓營待了14個月，只是爲了一桶爆米花而誤傷他人，每天就得在綠湖營裡不斷「挖洞」勞動後，誠實地說，你對腋窩的想像會有所改變嗎？

不論我們對腋窩怎麼想，「曾在少年管訓營待過」的事實和這個可笑的綽號，就這樣跟他一輩子了。這眞的是一個孩子始料未及的「後果」，也是家長們最不願意見到的「標籤」。

《小步小步走》寫的正是腋窩離開少年管訓營後發生的事。

出營時，他被諮商師警告，非裔美國少男再犯罪比率高達73％。他雖然爲了擺脫過去，認眞努力工作，也靠著挖洞的勞力技術賺取不少工資，他在少年管訓營結識的好友X光此時卻帶給他誘惑與考驗：邀他一起合夥賣演唱會黃牛票。

當紅少女歌手好不容易巡迴來當地開唱，這只需要少少成本、也不會傷害別人，又是很多人也都這麼做的小生意，卻一下子就能翻倍賺，到底要不要加入呢？

看到這裡，我不禁拍案叫絕！

作者安排這種看似無害、遊走法律邊緣的「小惡」，對於需求永遠多於零用錢的青少年來說，實在是令人心動的機會。X光代表著想「大步邁開」的那種朋友，說來眞的不壞，只是層出不窮的鬼點子令人捏把冷汗；另一位腦性麻痺的金妮則代表著另一種「小步小步走」的朋友。

她跟腋窩不互相歧視、彼此平等的相處方式，讓腋窩心情輕鬆、沒有壓力；單純陪伴不說教的友誼，是支持腋窩回校上課、討論作業的最佳夥伴；她更是腋窩屢屢靜下心來，悟出底線的重要關鍵。

有時對於朋友的邀請，孩子未必不了解行爲風險，也未必樣樣心甘情願。「覺得自己不應該不信任朋友」或「拒絕朋友的話會傷害友誼」，往往才是孩子搖擺不定的原因。

書中的情節無時不刻考驗著讀者，像是老動歪腦筋的損友X光，被警方偵訊時卻出乎意料的保護腋窩，卻又在另一群小混混暴力威脅時透露其他訊息，到底腋窩該怎麼看待X光呢？

我們靠前科紀錄判斷一個人？靠談吐學歷？或者看這個人的其他交友？當大人口口聲聲希望孩子「交對朋友」時，其實我們也沒有辦法提供一個判斷標準。

人生有如在湍急的河水中逆流而上，行走其中的祕訣，就是要小步小步走，而且要繼續不斷向前挺進。如果步伐跨得太大，洶湧的水流可能會把人擊倒，沖回下游。

《小步小步走》讓我們驚覺，人生每一刻都是「選擇」；也藉由情節鋪陳，展現大人與青少年做決定時的考量如此不同，不論是大人精打細算的現實勢利，孩子重視承諾的念舊情義，都有可能讓自己身陷風險或救自己一命。

我們難以預測每個人心中的善惡何時轉換，只能仰賴自己在人生湍急、濕滑、充滿考驗的河流裡，看清方向踏穩腳步，而且只能小步小步走！

給孩子的思考讀書會

PART1／文本內容分析與對焦

①書裡說的「小步小步走」是什麼意思？可否以主角舉例，什麼算是「小步」？

哪些行為算「大步」？

②腋窩說他沒有嗑藥，為什麼他爸媽不相信還要他驗尿？爸媽這樣做能不能保護或幫助腋窩？

③書中有部分情節設計，刻意顯示「種族歧視」的意味，你可以找出例子嗎？

④為什麼腋窩老闆替他加薪還要他帶領團隊？為什麼X光要坦白自己的案底？

PART2／發展自我的看法與價值觀

①身為受青少年歡迎的歌手凱拉，每天看電視玩電動還有好看的衣服、住大飯店，為什麼她覺得不快樂？

②凱拉的經紀人說她應該要邁開大步，對於想邁開大步的人，你有什麼看法？

③X光跟腋窩說：「要有彈性」，這是什麼意思？什麼事情可以有彈性？有哪些事不行？

④X光邀請腋窩賣黃牛票、跟他借錢，但又載他跟金妮去聽演唱會、在被警察偵

訊時也保護了他……你覺得X光到底是不是好朋友？該怎麼跟他相處呢？

PART3／回應現實生活的考驗

①很多人都販賣黃牛票，就像很多人下載歌曲或照片一樣。要如何分辨該做與不做呢？你的考量是什麼？

②腋窩在書的一開頭和結尾都有提及他的五個人生目標。你覺得腋窩這個辦法怎麼樣？你也可以試著訂出自己的人生目標嗎？

③身為特殊兒的金妮為腋窩的人生帶來什麼影響？你身旁也有比較特別的同學或朋友嗎？回想一下他們與你之間的關係，也給你什麼不一樣的感受嗎？

延伸對話

我：「假設你是腋窩，而且經歷過這所有的事情之後，你還會繼續跟X光當很好的朋友嗎？不是普通朋友喔，是關係密切的那種。」

A：「我會啊，X光在警察那邊沒把腋窩說出來耶，超有義氣的。」

B：「嗯，我應該也會，X光的怪點子很多，他這人很有意思。」

C：「老師，我會不會跟他當朋友不重要，因為我媽一定會先『靠北』我的啦。」

我：「你最好有那麼聽話啦！不要逃避我的問題，你自己可以作決定的話，要不要交這個朋友？」

C：「會啦，因為他是好人啊，只是太想賺錢才會搞出那些事情。」

我：「ㄟ，我沒說X光是壞人喔，那請大家再補充一下為什麼決定交這個朋友？又不是所有好人你都喜歡，都會變成你的好朋友對吧？」

A：「嗯，因為X光沒有害我啊，而且已經認識了不可能突然就不當好朋友吧。」

B：「有趣的人很少見啊，我自己可以判斷好壞，不會被他影響。這樣生活很有樂趣，可以知道很多有的沒的。」

C：「嗯，這樣說來我跟A比較像耶，因為之前已經認識了，加上一起經過這些事情，他心地不錯也滿講義氣的，所以就會繼續下去。」

我：「這沒有什麼標準答案，提出這個問題，只是希望大家會在『選擇好朋友』時多點意識或觀察。有人因為生活圈和環境而認識，沒有特殊理由就不會特別作決定，有人則是對掌握自己的想法很有信心，也許可以再問問其他人，更進一步思考，真正影響自己作決定的關鍵到底是什麼。」

當孩子沉迷網路

——《孤狗少年》

陳榕笙　著
王淑慧　繪
2017年／四也文化

給大人的閱讀準備

還記得我女兒第一次在我面前跟Siri聊天，無論她怎麼絞盡腦汁出怪問題，Siri總是即時以幽默反應作答，故意換個討人厭的粗鄙口氣試試，Siri也能冷靜平穩地完勝回答。

當時我不禁暗自捏一把冷汗：在現實生活裡，怎麼可能找得到比Siri更機智有趣、好聊、好笑又永遠不會生氣翻臉的人？

更別提那位神通廣大的Google，從小學生到博士生，誰念書不曾靠它？一方面解決不少連大人也回答不出來的問題，一方面又擔心孩子過度依賴搜尋引擎，而逐漸喪失解決問題、尋找答案的能力，讓家長們對它又愛又恨。

前幾年台灣兒少法三讀通過修正案，明訂兒童及少年不得持續使用電子類產品超過合理時間，否則家長最高可受罰新台幣五萬元。經由政府相關單位解釋，合理時間爲30分鐘，希望孩子們每30分鐘就要休息一下。

這條由家長要求立委提案、且迅速三讀通過的法案，根本是無法執行的安慰法條，充其量就跟小時候喊「警察來了」嚇孩子的效果差不多，可以想見家長們對孩子使用3C產品有多麼無力！

《孤狗少年》書中主角林克，有些孩子看了，立刻心領神會笑了出來，不就是Link嘛！點進去就能連到全世界，還能溫故知新，小叮噹的任意門都沒這麼厲害！

林克正是你我家中孩子的「代言人」，他說出數位時代的孩子看法，Google和網路在他們心中幾乎無所不能，也挑戰了因資訊落差而建立的「權威」。

不只林克這麼想，菁英分子的林克爸爸，也在協助孩子參與各種評選比賽的過程裡，享受著科技帶來的便利與成就感。無往不利的戰績讓孩子感到飄飄然，但林克媽媽的一句提醒：「這根本就不像是小克可以獨自完成的作業啊！」點出因社經地位造成教育資源傾斜的現實縮影，孩子因此產生的「自我感覺良好」，說穿了是無知的自信。

父母深怕形勢輸人，而不讓孩子脫下的有毒外衣，看似表面風光、勝利全拿，但眞的是如此嗎？

另一位主角阿福，則是現實生活裡貧富差距的反差寫照。家裡靠資源回收爲業，連鉛筆盒都沒有的他，更遑論擁有什麼3C產品了。常因家事曠課的阿福當然課業表現不佳，也無法融入同學的課後活動、電玩話題，成了班上的邊緣人。

阿福被林克認爲「什麼都不會、什麼都沒有」，分組作報告誰想跟他一組？事實上有這種想法，不就是我們大人在孩子身上種下的因？我們期待孩子挑選「好隊友」、追求卓越的成果、選擇讓自己發光發熱的舞台……，依照這樣的邏輯，的確跟阿福同組作報告會有不可預料的風險啊。

當我們淺化「能力」的定義，簡化「識人」的標準，產出的交友選擇結果就像網路Google到的答案一樣，我們只知道大家都看到的，卻根本沒有能力發掘獨一無二、更具有特色優勢的其他解方。

透過老師的鼓勵安排，加上林克爸爸的一句：「人不可能永遠只和自己喜歡的人工作」，促使原本毫無交集的林克和阿福組隊拍攝微電影的作業。

在過程中，「什麼都沒有」的阿福，卻有著Google搜尋不到的人生經歷：有流浪動物的陪伴、有收藏舊物的忘年之交……這些無法取代的人性價值，從阿福筆下的劇本裡，一點一滴改變了林克對很多事物的看法。

連「如何道歉」都必須先Google的林克，到最後對「改變世界」有不同領悟的林克，《孤狗少年》不只探討青少年對數位科技的依賴與迷思，更鼓勵著我們這些每天與３Ｃ爭奪孩子注意力的大人，深入思考不可被數位、ＡＩ取代的價值爲何，又該如何透過生活日常或小說故事，將這些永世不變的珍貴價值傳達給孩子。

給孩子的思考讀書會

PART1／文本內容分析與對焦

①從書裡的文字中推敲，阿福獨來獨往的原因是什麼？

②林克的爸媽對使用3C產品和對學業的看法很不一樣，請就書裡的故事文本分析他們的觀念哪裡不同？

③爲什麼林克的組員對於他一開始搜尋來的題目「下課10分鐘」不以爲然？林克對於他們的意見又是什麼反應？

④銀爺爺蒐藏的舊物對某些人而言代表的意義是什麼？試從書中不同主角的對話中找出他們的描述與心情。

PART2／發展自我的看法與價值觀

①林克的爸爸會花很多時間和資源協助他參賽拿獎，你認爲這樣對林克的影響是什麼？如果是你，你希望父母怎麼協助你？

②阿福和林克擷取資訊的方式完全不同，一個線下閱讀書籍、一個依賴線上查詢，各自擅長的領域卻剛好互補，你覺得這兩者有沒有什麼關係？

③王嘉琪爲什麼推薦覺得自己什麼都不會，家裡又沒有資源的阿福加入微電影小組？如果是你，你會想到邀請阿福嗎？爲什麼？

④當網路上都能找到大部分的知識或答案，你也和林克一樣，覺得「老師」不需要存在了嗎？或者你希望老師扮演什麼角色呢？

PART3／回應現實生活的考驗

①眞實生活裡發生過雲端或伺服器大當機的事件。試想若有一天，網路和電腦不能用的時候，你還有辦法解決問題嗎？那可能需要什麼能力？

②在書中的林克，都能遵守和爸爸的約法三章，你覺得你也可以做到嗎？想要做到需要什麼條件或協助呢？

③你也會不想跟某位同學分在同組嗎？原因是什麼？該如何找出平常討厭的同學的優點呢？

延伸對話

A：「好好喔，林克他爸爸都讓他用網路，還跟他一起研究。」

我：「ㄟ，講得一副你是阿福的樣子，明明你也用手機和電腦超多的。」

A：「感覺不一樣啊，那是一種理解跟支持，不像我老是被懷疑在打電動。」

B：「你本來就是在打電動啊，林克他爸也有條件好不好，你沒看書裡說『每天要想一個題目，然後跟爸爸報告』嗎？」

A：「那有什麼難的？」

我：「我覺得問問題不簡單耶，而且林克不是應付他爸，是真的有自己想了解的事情。不然我們現在來發想好了。」

C：「我先我先，因為我跟阿福一樣，『被汙染』的程度最低。嗯，我想知道骨頭為什麼是白色的？」

我：「哇，這問題我還真沒想過。你的問題讓我想到：為什麼大自然裡很少藍色的生物？像花啊、動物或昆蟲啊，我只有看過一種小果實是藍色的。」

A：「我想知道……為什麼初音未來的歌怎麼這麼好聽？」

C：「拜託，這根本不是『問題』！」

B：「我想知道為什麼下雨前風都很大。」

我：「對耶，我知道『山雨欲來風滿樓』，但我沒想過為什麼？我也想知道。」

我：「一天一個問題是個不錯的訓練，累積下來能間接看出自己的興趣和能力。接下來是進階題，如果這些問題不能問Google，那該怎麼辦啊？」

當孩子被霸凌

——《別告訴愛麗絲》

凱西・卡瑟迪　著
2017年／親子天下

給大人的閱讀準備

雖然都是霸凌行爲，女生和男生的方式卻大不相同。

女孩間的霸凌行爲像是電梯裡的臭屁，無聲無息地在空氣中漫散開來，大家會很有默契的轉向掩鼻，不會有人承認是自己放的，但時間再長一點，就演變成「久而不聞其臭」的狀態。

女孩間的心思沒那麼簡單，原本形影不離的朋友，也能在瞬間翻臉，尖銳得像是一把利刃，狠狠劃破生活的寧靜祥和。

《別告訴愛麗絲》這本小說能讓所有女孩們「對號入座」，每個人或多或少、或輕或重都發生過類似的事情。

主角愛麗絲小學時的三人組，在畢業後的那個暑假向她告別，雖然還是之後上了同一所中學，她們之間的關係卻早已風雲變色。

「被告別」的愛麗絲學到震撼第一課：好朋友不總是永遠在一起的。

即使她不知道到底哪裡出了問題，她還是她，但好友們突然興趣不一樣了、不想和她時時刻刻黏在一起了。愛麗絲還摸不著頭緒，中學生活的考驗卻並未因此停下腳步，她只好假裝不在乎自己落單，而這就是一切災難的開始。

很熟悉的情節對嗎？現實生活裡，在開學後短短一兩個星期，女孩們的小圈圈就隱然成形。孩子們必須敏感度很高，從外觀或簡單的眼神互動、言語試探快速地辨認誰可能是受歡迎的大咖、誰會是沉默的邊緣人。作伴結盟會使自己在陌生環境中感到安心，如同書中愛麗絲所言：即使我們當不成朋友，我也到了不在乎自己是否在小團體中墊底的地步——我只想在圈內，而不是在圈外。

聽起來有點殘忍，但其實這是人類正常的社會行爲，成人世界也是如此。

中央研究院社會學研究所吳齊殷研究員，就曾以社會學的角度觀察青少年霸凌行爲，發現不同成長背景、能力與價值觀的青少年，會逐漸自成一群、或遭排擠落單，彼此在「班級」這個「縮小版社會」中競爭「社會地位」。

「霸凌」行爲，其實也就是模仿大人踩著別人往上爬的社會化行爲。小團體未必會主動欺負或霸凌別人，一切還是跟競爭心態有關。這也是多數孩子難以理解的地方：我沒有要和別人競爭啊？我不是被排擠的那個人嗎？

《別告訴愛麗絲》給了我們幾種線索：透過小團體領導者莎薇的自白與分析，我們也才知道，原來別人擔心莎薇會喜歡體貼善良的愛麗絲，才開始著手抹黑欺負她。

愛麗絲先是在戲劇社團裡表現不凡、受到肯定，接著她和另一位優秀的男孩路克藉由戲劇相識相知，家庭也很溫暖正常，和書中其他人比起來，愛麗絲是不是擁有許多令人羨慕的特質呢？

印象中，我們都認爲霸凌者擁有絕對優勢，然而他們運用現實權力強取豪奪的，正是欣羨別人但無法得到的東西：也許是美滿但不富裕的家庭、親密的家人關係、相互扶持的手足之情……這些讓其他人難以忍受、甚至嫉妒，只好否定對方才能證明自我優勢，想盡辦法讓被霸凌者只看見自己的缺點，認爲都是她們自己的錯！因此讓孩子清楚知道自己的優勢、擁有哪些令人羨慕的特質，才能築起防霸凌的防火牆。

小說讓我們有機會站在全觀的角度，看待霸凌事件裡每一個女孩的心境轉折，包括青少年時期異性扮演的角色。

書中男主角路克不自知地勾起女孩們之間的嫉妒和競爭心，透露更多隱而不顯的導火線，而萌芽的異性情緣如何牽動女孩間的敏感關係，可能是師長們難以主動發現的心理盲點。

那麼如何讓孩子開口求援呢？愛麗絲的母親雖然早就發現異狀，但愛麗絲卻始終矢口否認，甚至為了安慰母親強顏歡笑。

書中的情節應證了兒福聯盟的調查報告，發現若孩子遭遇霸凌事件，四十九點八％兒少會選擇不告訴家長，原因是怕爸媽擔心、怕事情越處理越糟糕；三十三點一％兒少認為學校從不或很少關心霸凌問題，十四點四％兒少認為導師處理霸凌問題讓人無法信任。

或許大人第一優先該著力的，是提高自身處理霸凌的「能力」，建立與孩子之間的信任關係，而不是急著找出霸凌事件的主導者定罪。

唯有事件中每個人的惡，才能編織出鋪天蓋地的霸凌之網。女孩們受挫的情緒打了一個又一個的死結，若在任何時刻能有一個孩子願意向大人傾訴心事，那麼這張讓人窒息的網子也就無法成形。

也因此，每個孩子都有可能不小心成爲霸凌者，或在下個人生階段變成被霸凌者。閱讀小說讓大人了解如何以更遠的目光，協助孩子們找出向前走的方向。成爲被信任的大人，才能眞正的保護孩子。

給孩子的思考讀書會

PART1 ／文本内容分析與對焦

①愛麗絲和好朋友分享戲劇社團的點滴，爲什麼兩個朋友都不喜歡？朋友們可能會有哪些感受，請從故事裡舉出線索。

②爲什麼愛麗絲懷疑派對有問題但仍然答應參加？她的想法和心情是什麼？

③爲什麼蓮妮想把愛麗絲鎖在地下室？後來爲什麼又偷偷打開？蓮妮內心眞的想表達、在意的是什麼呢？

④喜歡愛麗絲的路克，對她的友誼發展有什麼影響？從故事中可找出支持你看法的情節嗎？

PART2／發展自我的看法與價值觀

①你認爲愛麗絲跌落重傷是意外嗎？應該歸咎於誰呢？你認爲整起事件的關鍵點是什麼？

②愛麗絲以前的朋友爲了討好莎薇而刻意霸凌她，莎薇沒有直接下令也有錯嗎？爲什麼？

③愛麗絲沒告訴老師、媽媽，甚至任何同學自己被霸凌的事。如果你是愛麗絲也會想這麼做嗎？如何決定要不要告訴別人？你對別人的想法一定正確嗎？

④愛麗絲最後醒來的動力是什麼？是對朋友的愛還是恨？醒來之後面對的挑戰又是什麼？

PART3／回應現實生活的考驗

①當原本的好朋友有更好的朋友，或是與你漸行漸遠，你可以接受這樣的變化嗎？有什麼方法可以處理生活裡的空缺？

②好朋友討厭的人事物，你也會一樣討厭嗎？如何能分辨自己是眞的不喜歡，還是因爲受到好朋友的影響？或是爲了想「跟她一樣」而這麼說呢？

③若你的朋友要你做某些事「證明」和她站在同一邊，你會怎麼辦？

④你願意原諒曾經傷害你的朋友嗎？還會跟他做朋友嗎？爲什麼或爲什麼不？

延伸對話

關於小說裡最後的圓滿結局，孩子們意外地感到糾結。

A：「老師，我覺得最後結尾實在太聖人了，原諒欺負你的人還重新接納她回來，我做不到喔。」

B：「我也在想結尾的事，我想的是如果我是那個霸凌別人的人，就算對方邀請我，我也不會回去那個朋友圈。」

C：「老師，我會想嘗試原諒，可是如果我的朋友們不想，我不會勉強大家，就自然而然算了就好。」

我：「小說只是給我們一種人生的可能性，一種想像而已，你們繼續聊下去啊，看起來大家的想法不太一樣。」

A：「老師，我們一定要原諒別人嗎？你做得到嗎？」

我：「我無法回答，因為我覺得消化整件事和原諒別人都需要一點時間，我不會當下就知道自己做不做得到，也可能會因人而異。雖然最後結果我沒有把握，但最重要的是我會盡量朝原諒的方向去思考、去努力。」

B：「為什麼要朝原諒別人的方向去努力？不能就當陌生人就好嗎？歸零就好啊。」

我：「嗯，原諒並不是一種正確答案，如果你不想做就不需要勉強自己。每個人之間該怎麼互動和保持距離，其實是由雙方決定的，隨著時間過去你的成長也會影響你的看法，所以讓我們先停在這裡，不想原諒霸凌者至少在我這裡不會被批判、被評價。」

我：「不過我倒是很好奇，B你一開始說如果你是霸凌者，並不希望被邀請回舊的朋友圈，為什麼呢？」

B：「我覺得那很假，帶有點炫耀、驕傲，或高人一等的感覺，才不要人家可憐我。做錯就做錯，不要理我就好了，那樣我反而會生氣。」

C：「老師我大概知道那種感覺，所以我覺得我可以開口邀請表示原諒，但可能就一兩次，隨便他要不要加入，但是如果我的朋友當中有一個人不喜歡他，那我就一定會放棄。」

我：「其實你們剛剛已經以不同身分的角度在思考原諒這件事，未來你們不一定會碰到霸凌的情境，可是從你們目前的決定裡，能不能再深入看到自己為什麼做這樣的決定？卡關在什麼地方？你們不一定會馬上得到答案，可是你們會開始習慣把這些問題放在心上，開始和自己對話了。」

當孩子遇見特殊兒童

——《夏日大作戰》

貝瑟妮·克蘭黛兒　著
2016年／幼獅文化

給大人的閱讀準備

說到同理心，我們最常說：「如果是你，你會有什麼感受？你喜歡這樣被對待嗎？」

換位思考的技巧，能幫助我們立即調整行爲模式，然而我們卻忽略了：一般孩子的確「不能」完全了解特殊兒童的感受。

我們都不希望自己的孩子成爲欺負弱勢的人，不過，連大人都未必知道如何與身心障礙者或特殊兒童相處，更何況是生活經驗與社交技能尚在發展的孩子。

近年來，國內外以特殊兒為主角的小說越來越多，如改編成電影的《奇蹟男孩》、描寫罕見「共感覺症」的《芒果貓》、妥瑞症女孩《月亮都是一樣的》以及閱讀障礙的《爬樹的魚》等，我們不止關心外觀上就能明顯辨認的身心障礙者，也越來越有能力細分不同孩子的需求，特別是情緒障礙如選擇性緘默、過動症、注意力不足等，雖然過往這些需求同樣存在，但直到我們願意認識這些症狀後，這才驚覺，原來有這麼多孩子需要被理解。

現實生活裡處處皆是磨合與挑戰，許多校園霸凌事件或意外也與此相關。能提供更多情境與背景的青少年小說因應而生，擔負著溝通與體諒的橋梁角色。

《夏日大作戰》挑戰的題材相當大膽，一位嬌生慣養綽號小蟲的千金小姐闖了禍，被爸爸送去為期兩週的夏令營當輔導員，藉此磨練學習，只不過，這個營隊的參加者全是身障者、腦性麻痺與唐氏症的孩子。對小蟲來說，不但必須克服營地與家中舒適環境的差異，還得應付自己對身心障礙者的偏見。

小蟲在營隊挑戰適應的同時，也發現家中不願提起的傷心往事，深深影響著爸爸的教養方式，進而形塑別人眼中被寵壞的自己——這正是本書第一個隱藏版訊息：家家有本難唸的經。

每個人心中都有些需要被正視處理的問題，誰敢說自己就是沒問題的呢？哪些人屬於正常、哪些人有「問題」，有時只在於我們怎麼定義而已。

《夏日大作戰》與其他描寫各種特殊兒小說的最大不同，是以「一般」孩子爲第一人稱爲出發點，主角小蟲就像多數孩子一樣，第一眼看到外觀有缺陷、肢體行爲明顯不同的小孩，可能產生害怕、不舒服、想逃離的眞實感受，或私下跟其他人描述時使用誇張的形容詞。

一般孩子雖無心傷害他人，但因爲難以想像對方的世界，更不知道掩飾自己的不知所措，急著想畫清界線的心態，就成了歧視、隔離的語言或行爲。

回想當我們在公車上或路上，若遇見身心障礙的孩子，第一眼的感受是什麼呢？有點尷尬想避開眼神？臉部表情不自主地僵硬緊張起來？對方和自己互動時會不知所措，擔心自己反應過度或不足？我們並沒有太多機會誠實說出心中的ＯＳ，除了不想冒被指責的風險，多少也對自己的直接反應感到有點羞愧。

故事裡有位坐著輪椅的阿丹，他曾經是健康正常的棒球校隊、不可一世的學校菁英，卻因爲派對後搭上酒駕便車而癱瘓，瞬間變成永遠的殘障人士。

他告訴小蟲：「和身心障礙者在一起會覺得不自在，並不表示你是個爛人——你只是很坦誠、很誠實而已。」一個雙腿癱瘓的年輕人，竟然還反過來安慰抱怨不止的自己，阿丹的心路歷程讓小蟲重新思考自己的態度。

作者刻意將青春期萌芽的愛情也融入其中：青少年往往會爲了討好感興趣的對象，或是想迎合喜愛的人的想法，而掩飾眞實自我。

小蟲爲了另一個帥哥輔導員奎恩留下來，想讓他以爲自己是有愛心的人，卻無意間讓他聽到自己和死黨的對話，話裡盡是對這些特殊隊員的外觀開玩笑，甚至驚訝這些「有問題」的隊員能自己做這麼多事。

是的，孩子們就是這麼矛盾。說話的口氣、衣著外貌、行爲舉止都能隨時切換，也必須經過這些不同的角色扮演與歷練，才有機會漸漸知道哪一個才是眞正的自己。

書裡的小蟲在夏令營期間，被兩種不同價値觀拉扯：一邊是熱愛名牌物質的好友，另一邊是親身感受人生不公平的條件，卻仍然樂觀以對的新朋友。截然不同的「快樂」，哪一種可以讓心比較滿足？

書裡有許多場景令人深思，比如：營隊安排泳池活動，小蟲換上漂亮比基尼泳裝時一度感覺不太自在，卻發現每位隊員們都盡力高調打扮，外觀有障礙或缺陷的女孩們，身上穿的布料卻一件比一件少，誰說她們不能自信呢？

雖然小蟲內心仍然覺得「視覺效果違和」，但從男女隊員們耍酷、戲水的互動中體認到「她們外表或許與我們不同，但內心都是普通的少女。」青春期的身心障礙者一樣對異性感興趣、想表現自己、喜歡電影和流行樂、愛追星愛開趴……原來，大家有這麼多的共同點！

營隊裡的廚師山姆是位高功能自閉症患者，當小蟲驚訝於連一句話都說不完整的他，竟然可以做出比餐廳更好吃的東西，才發現自己對這些身心障礙者有這麼多的「歧視」而不自知。

正如書中資深輔導員所言，每個人的「啓蒙點」來的時機不一樣，我們只要眞誠地去做自己想做的人就好，不爲了誰而改變，因爲當我們眞的改變了，誰都能注意的到。

給孩子的思考讀書會

PART1／文本内容分析與對焦

①主角小蟲爲什麼會變成千金大小姐？請從書中提供的線索推測原因。

②原本小蟲千方百計不惜違規，只想逃離夏令營，後來爲什麼改變心意？

③芳婷說這些特殊兒外表與我們不同，但內心很多地方都跟我們一樣是什麼意思？從故事裡可否找出一樣的地方？

④小蟲和在島嶼度假的朋友通電話，她說的那些話代表什麼意思？那是她眞心的想法嗎？

PART2／發展自我的看法與價值觀

①你覺得小蟲對這些身心障礙者外觀的形容詞有什麼看法？如果你現場聽到了，會怎麼反應？

②參加營隊的身心障礙者似乎比一般人友善、更相信別人，你有類似的經驗嗎？你覺得爲什麼呢？

③奎恩的哥哥也是唐氏症患者，身爲特殊兒的手足與其他人感受有何不同？

④這群輔導員非常喜歡他們的工作，你覺得原因是什麼？你也可能喜歡嗎？

⑤爲什麼柯林說不要爲了討好別人改變自己？把這當成改變動力有什麼不好？

PART3／回應現實生活的考驗

①我們對特殊兒童的了解夠多嗎？在書中有不同障礙的描述，跟你原本認知一樣嗎？該怎麼了解他們？

②生活中碰到特殊兒，當我們眞的不喜歡他們、無法相處的話，應該怎麼辦呢？

③小蟲曾說她不知道自己爲什麼會說出那些有點惡毒的話。你也有過這樣的經驗嗎？當你不小心說出令自己後悔的話該怎麼辦？

④大人有時候也會困在自己的情緒裡，像是小蟲的爸爸無法走出喪妻之痛，這時候小孩能做些什麼幫助自己和大人？

延伸對話

我：「大家有碰過身心障礙的同學或朋友嗎？可不可以分享你的經驗？」

A：「我們班以前有情緒很不穩定會暴衝的，從外表上看不太出來，開學後沒幾天就知道了，有時候他會去輔導室。我沒空理他啦，因為都跟自己的朋友在一起啊。」

B：「我覺得如果是身體有殘缺的或是什麼智能障礙的，那種大家一看就知道，就算不熟也不會欺負他們，因為你就知道他們跟你不一樣，可是那種心理或情緒有問題的人真的不知道在想什麼，那才恐怖。」

C：「老師我會怕，不過是怕自己白目說錯話，要是傷害到別人就完了，所以我也會盡量不要打交道，雖然我知道這樣不太好。」

我：「老實說我也會覺得不自在，可是這本書解救了我，因為小蟲和阿丹的對話讓我知道我的感受是正常的，大家還記得那段嗎？」

C：「有啊，阿丹本來是正常人，是後來才受傷，所以他知道我們會覺得不自在或不知道該怎麼辦，這樣反而讓人家鬆一口氣的感覺。」

A：「還好我們沒有這種夏令營，不然我也會跟小蟲一樣很想逃走。要是沒那帥哥輔導員，小蟲也不會留下來，所以這就是小說啦。」

我：「的確喔，現實生活不一定是這樣，可是透過這故事，我們不去夏令營也能知道更多大家心裡的感受，對嗎？」

B：「我覺得如果我們可以直接說出我們的害怕，會不會別人也比較好跟我說該怎麼辦？」

我：「說得真好，小蟲也是承認自己的不自在和驚訝之後，才能把自己的觀察一一歸類，最後修正對這些人的看法。如果我們不曾停下來處理這些感受，那麼生活裡發生的所有事好像就沒有意義了。」

當孩子對金錢感興趣

——《小狗巴克萊的金融危機》

丹尼爾・列維廷　著
2012年／遠流

給大人的閱讀準備

一隻狗是怎麼跟金融危機扯上關係的？是所謂的「蝴蝶效應」嗎？還是什麼蘋果橘子經濟學？怎麼研究錢的專家們老愛說些有的沒的，跟彩券行裡滿口數字經的常客差不多，能不能正經一點？

《小狗巴克萊的金融危機》，談的正是成人與孩子對價值判斷的差異、金錢與道德的平衡，以及工作與生活的取捨。

孩子很小就知道「錢很重要」，畢竟爸媽常說「我們家沒那麼多錢喔」來當作不願意買玩具的說詞，或是「爸媽要工作，不然家裡會沒有錢喔，你先做自己的事讓我忙完好不好？」以求清靜個十分鐘也好。

就算學齡前的孩子不知道「錢爲何物」，也能感受它支配大人的魔力！生活中最常見的數學便是交易買賣，當孩子開始學算術，很自然地跟人類文明發展進程一樣，先是「以物易物」，接著使用貨幣小額消費。

然而，欲望和能力總是難以平衡，於是又開始接觸儲蓄、投資的概念。隨著金融科技的發展，信用卡和手機支付也稀鬆平常，孩子們看見家長如變魔法般的換取東西或服務，可說時時刻刻都在體驗著誘人的消費活動。

在許多社會科學書籍中，特別提到「商業化的童年」現象。兒童被各類行銷人員鎖定爲目標，每天沉浸在廣告世界裡耳濡目染，漸漸變得重視物質享受、追求名牌形象，對錢的渴望與日遽增。

《天生買家》作者茱莉亞．薛荷在書中指出，被喻爲「呑世代」的7～12歲孩童，已經完全陷入消費文化的洪流之中。沉迷於消費文化中的孩子與商品連結越早，不但不能提升自我價值，反而容易引發各式精神官能問題，如憂慮、焦慮、低自尊以及各種身心症。一味滿足孩子的物質欲望，並不能讓孩子的未來更加成功，反而更容易失敗。

儘管大家都同意物慾過高不是好事，但現實生活中，家長的態度卻矛盾極了！3歲男孩就能辨認滿街車子的廠牌，會讓爸媽感覺驕傲而不是沮喪；要孩子學才藝、讀好校，目的也是希望孩子追求高收入的職業或生活。直到孩子開始跟自己談條件：考一科可以換多少零用錢？做家事的「價目表」爲何？我們才驚覺，自己也是推波助瀾的兇手之一。

《小狗巴克萊的金融危機》不談大道理，一開始就吊足孩子胃口。一個銀行家之子奧利佛，物質生活富裕但缺少爸媽陪伴，他想要更多的是一隻小狗作伴，每天下課都去寵物店外面流連徘徊，卻被前管家兼投資人南西發現奧利佛的「心靈缺口」。

受到全球金融風暴影響，當初被奧利佛爸媽說服投資，卻賠到走頭無路的南西只好利用這個弱點，買下小狗威脅奧利佛，要是不能讓他爸媽還錢，這隻剛被取名巴克萊的小狗就命喪刀下。

作者功力深厚，短短幾頁情節已經將每個人的價值觀交代完畢：一個被生活逼急、也沒有綁架傷害小孩的平凡投資人，一個把小狗的命看得比任何東西都重要的孩子，一對追求金錢至上、卻忽略家庭與個人價值的父母。

書裡的父母就像一般家長，總認爲孩子不應該牽扯到錢的事，「總之我們做的一切，都是爲了給你更好的未來。」只要孩子不惹麻煩、專心課業就是幫大忙，別替大人瞎操心。

不論家境貧富，孩子們都與經濟因素息息相關：透過新聞報導，我們能想像貧困家庭中的孩子生活飽受威脅，甚至必須擔負起小大人的責任，《小狗巴克萊的金融危機》卻爲我們展現富裕家庭的另一種焦慮。

一樣是爲了賺錢，永遠嫌不夠的貪婪也讓他們情緒緊繃，深怕陷入一夕失敗的恐慌。那麼回頭想想，我們平常忙於追求的到底是什麼呢？當滿足家庭的經濟需求之後，我們眞能停下腳步享受「餘裕」，而非追逐下個數字里程碑嗎？

故事延續著金融議題發酵，孩子們讀這本書時絕對能大開眼界。

同樣是想靠自己賺錢，奧利佛運用平常從父母口中聽到的金融知識，開始在學校銷售他發明的「金融產品」，瞬間集資同學們的午餐錢，而他發放的不過是用過的課後留校單製成的「投資憑證」，甚至後來發展出「信用違約交換」計畫。

這一大段的劇情發展，包括同學們（投資人）的反應，簡直就是大人世界的翻版，直到奧利佛驚覺自己也在做跟爸媽沒什麼兩樣的事，還發現自己「根本停不下來」，買空賣空的金融遊戲，正讓自己陷入破產危機之中。

猶記得2009年籠罩全球的金融風暴，當時政府與銀行的關係十分微妙，我們也認清 too big to fail 的弔詭局勢，本書的原文書名，刻意取了《*too small to fail*》，相反的對比寓意深遠。

這些錯綜複雜、看似偉大深遠的金融遊戲，如何改變每個小投資人的人生，甚至是一隻狗的性命，大政府與小百姓、大人與小孩，我們該維護誰的利益？怎麼做最後的選擇？

奧利佛爸媽的銀行面臨破產，他們藏了一筆錢在國外，準備帶他潛逃出境，但奧利佛心繫小狗巴克萊，也深入了解南西養駱駝維生的家庭後，對父母的安排又有什麼想法呢？

這本與現實交織的青少年小說高潮迭起，讓「想要賺錢」的孩子滿足各種理財相關知識，也邀請他們同時體會、思考幸福與金錢之間的關係。唯有如此，孩子們才有機會不被物質綁架人生，得到眞正的財務自由與心靈自由。

給孩子的思考讀書會

PART1／文本內容分析與對焦

①奧利佛爲什麼會被看出自己想要的東西？他知道不要隨便進別人的車，但爲什麼仍然說服自己沒關係？

②奧利佛爲了自己救小狗，想辦法在學校發起募資，爲什麼後來想停辦退錢給同學，大家卻不願意收？

③爲什麼南西最後只拿回一點錢，卻不怪奧利佛爸媽？她了解了什麼事情？

PART2／發展自我的看法與價值觀

①奧利佛擁有的東西很多，卻只想要一隻小狗的陪伴。你想要什麼？願意把現在擁有的去換最想要的東西嗎？

②南西並沒有眞的想要殺掉小狗或綁架奧利佛，只是想威脅奧利佛想辦法拿回錢。你覺得這樣的方法可以嗎？如果不行，那還能怎麼做？

③投資本來就有賺有賠，你覺得銀行眞的對投資人有責任嗎？如果有，那麼責任是什麼？爲什麼奧利佛會覺得爸媽應該還錢？

PART3／回應現實生活的考驗

①如果家中經濟眞的遭遇困難，你會選擇什麼方式幫忙？

②你知道自己容易心動的「弱點」是什麼嗎？想一想，若別人利用這點引誘你該

怎麼辦？

③奧利佛的父母犯下大錯傷害許多家庭，萬一現實生活中你的父母犯錯，你會怎麼想怎麼做？會像奧利佛一樣阻止爸媽嗎？

延伸對話

這本書獲得大家一致好評，每個人都有不同著迷的角度。當然，金錢問題還是現在經濟未獨立又有許多願望的孩子們最關心的事。

A：「小說好看沒錯，但我覺得奧利佛很笨耶，可以弄到那麼多錢再買一隻小狗就好了，他不就是想要一隻狗陪嗎？」

B：「那是因為他已經跟小狗有感情了嘛，所以就沒辦法隨便買了。如果我已經認定某隻小狗，我也沒辦法不救牠。」

C：「奧利佛真的是有錢人家的小孩，我絕對不會想要一隻花錢的狗，我錢都不夠花了。」

我：「你們真的很……務實耶。的確奧利佛的爸媽開銀行賺很多錢，不過也因為這樣不能陪小孩，你看他都換了幾個保母了，所以才想要一個固定的生命陪伴，大家稍微想像一下這樣的感覺。」

C：「可是因為這樣他什麼都有了啊，他爸媽什麼都買給他耶，要是奧利佛跟我一樣沒手機沒電腦，你看他會不會第一個想要小狗？」

A：「對啊，得不到的總是最美嘛，就像我現在有手機，但是下一個目標就馬上出現了，好像不會滿足耶。」

B：「那是因為你還不夠有錢，奧利佛等級的已經不是我們可以想像的了，他那叫空虛寂寞啦。」

我：「你們聽起來好酸喔，而且好像覺得什麼都有比較重要？是這樣嗎？寧可爸媽很忙都沒空理你？」

B：「老師，這可能要等我什麼都有了，才能體會耶，現在只會覺得爸媽有點煩，當然去賺錢給我花還不錯。」

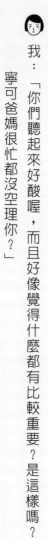

我：「說的真好，那等你什麼都有了，體會到了，捨得放棄已經擁有的嗎？在書裡奧利佛的爸媽是不是就代表這樣的角色？」

C：「對啊，一切都是為了奧利佛嘛（偷笑）。」

A：「那奧利佛就說，一切都是為了小狗巴克萊嘛……」

B：「小狗巴克萊就說，我裝可愛一切都是為了活下去嘛……」

我：「你們玩起語言遊戲了耶，有沒有發現剛剛你們已經找到最原始的線頭了……」

當孩子面對長輩失智

——《就算爺爺忘記了》

大塚篤子　著
2013年／遠流

給大人的閱讀準備

催人熱淚的日劇《我腦中的橡皮擦》《明日的記憶》，皆是以「早發性失智症」爲主軸，正值青春或壯年的主角們發現自己得了阿茲海默症，即使仍然健康活著，人生卻突然像慢動作般緩步拖行，過去的一切也像被橡皮擦輕輕拭去。沒有了記憶，也就很難累積感受，因此身旁的人備感折磨。

當時早發性失智症並不多見，我們邊哭邊想著編劇眞是厲害，老愛往人脆弱的心裡頭鑽；但是當《我想念我自己》這部電影再次提醒大家失智症議題的時候，我們面對的情勢早已截然不同。

根據近年來世界衛生組織的全球統計資料，全球每年約有九百九十萬人罹患失智症，意即每三秒就新增一個病例；在台灣，65歲以上每12人就有1名失智症患者，80歲以上則高升到每5人就有1人，以往只是略有所聞的阿茲海默症，到現在身旁的親友家人都有可能深受其苦。隨著年紀越大，盛行率越高，正邁向高齡化社會的我們，都能預料這將是下一代沉重的經濟壓力與社會課題。

特別是台灣的雙薪家庭需要仰賴上一代的生活支援，孩子們大多與祖父母輩關係密切：放學後到祖父母家吃飯、寫功課，週末放假也會回去看看，更別提許多到外地工作的假日父母，其實是由老人家挑起親職的重責大任。

當失智症困住了親愛的爺爺奶奶，大人忙著抵擋財務衝擊、疲於奔命之時，實在難有力氣再顧及孩子心中崩塌的天地。

英國BBC頻道特別製作了紀錄片《親愛的阿茲海默》，記錄三位與爺爺奶奶非常親密的孩子們，如何從震驚難過、接受現況到用自己的方式陪伴最愛的人繼續生活。

《就算爺爺忘記了》是來自日本的作品，有別於戲劇充滿張力的濃烈情感，整本書寫實溫馨，和英國紀錄片有幾分相似的味道，透過孩子們仍然必須前進的青春人生，沖淡令人沮喪的悲情氛圍。

一開場特意安排主角杏與走失小狗的相遇，而不准養動物的爺爺竟然和這隻狗心靈相通，更增加了小狗的戲份。

原本以爲作者只是爲了突顯失智症患者個性大變的病兆，後來找到主人才知道，原來這隻小狗也是失智症一族。這隻失智小狗從此擁有三個名字：一個是原本主人取的小不點、一個是杏取的Lucky，另一個則是爺爺記憶深處的里丸。

兩個再也無法記憶新事物的生命，卻在記憶深處找到類似身影而彼此依偎，名字到底叫什麼又有什麼關係呢？

這似乎提供我們一種「解脫」路徑：不再執著於失智者是否記得我們是誰，只要能繼續攜手相伴，對家人而言，所有的一切仍然不斷創造新的回憶與意義啊！正如杏的感受：「爺爺現在一定很幸福，可以自由地穿越時間和空間，可以把行動不便的雙腿、痠疼的腰、詞不達意的嘴巴以及其他讓人心煩又討厭的事情全拋在腦後，悠游自在地回到開心時刻。」

貫穿全本書的一句話「手衛指名習聯」，是爺爺和家人才懂、旁人無法理解的的祕密暗號，點出與失智者共同生活充滿挑戰的事實，杏一家人共同經歷過爺爺性情大變、離家走失、時空錯亂、情緒易怒、亂撿東西回家……每一刻都需要家人在旁守護。

書中對話提供許多與失智者相處的重要示範，杏比爸媽調整得更快，懂得無法和失智者說理，只能順著他的思路邏輯轉移注意力，化解一觸即發的衝突或危機。

人生就是這樣，不論大人小孩都必須同時打好幾個怪。爺爺的失智症狀漸漸惡化，再也無法給杏更多支持：不論是爺爺引她入門的網球運動、隨著畢業面臨進階挑戰、或是新環境中須重新建立自信的生活節奏，這些考驗讓杏必須學著自己獨立承擔起來，從被支持的孩子轉為支持家人的力量。

作者溫暖精準的筆觸，直到最後都「不放過」讀者：爺爺竟然在杏的關鍵比賽當天走失，最了解爺爺的杏發現爺爺可能會去哪裡的線索，杏會怎麼選擇呢？那句「手衛指名習聯」可不可以喚回記憶裡和現實裡都走失的爺爺？

即使平日失智家人讓我們生活負擔加重，但真要做出「捨」的選項，內心的糾結與情感卻不設防地撲面而來。《就算爺爺忘記了》深深撫慰我們，讓我們相信忘了記憶、但愛仍存在的事實，而我們也因為繼續付出愛，得以延續有意義的人生。

給孩子的思考讀書會

PART1／文本內容分析與對焦

①爲什麼一向反對養狗的爺爺，看見杏帶回流浪狗卻沒有反應？這代表什麼？

②打網球對杏來說有許多意義，可否從書中描述找出來？

③對失智症患者說道理有用嗎？請找出小說中描述與患者對話的技巧。

PART2／發展自我的看法與價值觀

①「手衛指名習聯」是只有杏一家人才知道的暗號，爲什麼他們要保留這句話

呢？有什麼特殊意義嗎？

②失智症患者偶爾會恢復正常，這時候你想傳達什麼訊息給他呢？

③如果家人失智忘記自己了，你覺得去探望或陪伴他還有意義嗎？爲什麼？

④失智症患者通常記得很久以前的事，無法儲存現在的記憶。你對「過去」與「現在」的看法有改變嗎？活在過去有什麼好或不好嗎？

⑤書中的小狗到最後擁有三個名字，牠似乎不會混淆。你覺得「名字」代表什麼呢？失智家人記不記得自己的名字，會讓你有不同的感受嗎？

PART3／回應現實生活的考驗

①因爲當下專注在自己事情而忽略家人，你也會像杏一樣有罪惡感嗎？你會怎麼表達或補救？

②當失智症家人惹出麻煩或做危險的事，雖然知道他生病卻又沒辦法不生氣，你覺得怎麼處理負面情緒比較好？

③女孩杏在網球比賽和尋找爺爺兩件事中選擇後者，如果是你會怎麼做？你會覺得杏沒看好爺爺也有責任嗎？

延伸對話

我：「我看過一部紀錄片，是國外三個不同的小朋友陪伴失智症爺爺奶奶的故事，有的長輩才剛發作，有的已經不記得了，裡面有一個問題讓我印象深刻，我也想聽聽你們的意見。那個問題是如果對方已經不記得你，未來也不會記得你去看過他，那你去探望陪伴還有意義嗎？你會想繼續去嗎？」

A：「我不知道耶，可能我去看他之後會很難過，下次又要重說一遍，我不知道自己受不受得了，如果受不了應該就不會去了吧。」

B：「我應該會去吧，因為早就知道他記不住啊，就當每次去交新朋友就好，你去看他是因為你想去，而不是因為人家會不會記住啊，又不是要集乖寶寶獎章換東西。」

C：「我也會去，因為他不記得我會記得啊，這件事情還是發生過啊。老師，那你呢？」

我：「我會去，不過原因跟你們又有點不一樣，我應該還是會因為對方不記得我而覺得傷心難過，可是我在紀錄片看到雖然長輩不記得是誰來陪他，但因為家人比較了解他，所以會跟他一起做喜歡的事；影片裡有個爺爺心情很好就情不自禁唱起歌，那是一種很自然的反應。我想要讓我愛的人心情好、很愉快而不是在等死，所以我一定會去。」

A：「嗯……這樣好像就不會只有難過了。」

B：「對啦，一起唱歌跳舞開心就好，管他認不認識，不要想這些就好了。」

C：「對啊，當志工陪老人或孤兒也是一樣啊，就當每次都換一間新的就好，因為每次都要自我介紹，哈哈。」

我：「喔，我最討厭自我介紹了，可以省略嗎？直接進到一起HIGH起來那段如何？」

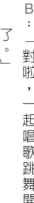

當孩子覺得自己是怪咖或魯蛇

——《壁花男孩》

史蒂芬・切波斯基　著
2010年／高寶出版

給大人的閱讀準備

說眞的，年少輕狂的時候，誰不覺得自己有那麼點「怪」呢？

尤其剛到一個新環境時，我們絕對會特別敏感，開始在腦海裡自動比對所有細節，搜尋自己可能格格不入的地方。只不過當時我們忘了，這種初來乍到的窘迫感和不安全感可不是只有自己，每個人都有過同樣經驗，但很快地會隨著熟悉環境、交到新朋友而煙消雲散。

有些心智早熟的孩子，在這段時期想得比別人多，特別是對個人價值、生命、友誼等意義深入探索，在尚未決定自己如何表現、表態之前，就會成爲小說裡的「壁花」男孩或女孩。

相較於校花一詞的流行，「壁花」在東方社會裡較少出現。

「壁花」形容的是常獨自隱身人群，待在某個角落裡觀察每個人，或是埋首書堆社交生活較少的人。然而，他們腦袋裡卻非常活躍忙碌，藉由思考周遭發生在別人和自己身上的事，反覆琢磨對人生的大哉問，正如書裡所定義的：你知道不少事、你保持沉默，而且你也了解這是怎麼回事……

《壁花男孩》絕對不是本陽光直射陰暗角落的校園小說，而是悶雲低飄、偶爾撥雲見日的自我獨白。

主角查理以第一人稱書信方式登場，從升高一的第一天開始到高中畢業，完整的記錄這三年裡的點滴起伏。若非透過查理的書寫，細膩地將內心世界誠實敞開，我們絕對難以想像對孩子來說看似規律平凡的生活下，世界每天都在劇烈的變動著。

家有兄姊與深愛孩子的爸媽，查理來自猶如我們的一般家庭，只不過查理帶著小時候遭受到的童年創傷，以及對國中時好友死亡的不解升上高中。

這些他都尙未消化完畢，就要開始接受新的衝擊：朋友帶自己呼麻、同性戀議題、姊姊疑似未婚懷孕、萌芽的愛情……直到最後，他才能承認自己幼年被阿姨性侵的事實，與心理醫師共同合作，走出謎樣的記憶與夢境，並重新接納與認同自己。

有時大人眞正的困惑是：到底孩子在煩惱些什麼？又有什麼「大事」能讓孩子困惑逃避？

《壁花男孩》替我們揭露許多「只有孩子們知道」的校園黑暗面。書中情節與眞實發生的事實相去不遠，即使他們未必親身經歷，也會耳聞看見。

這些紛沓而來的善與惡、好與壞、誘惑與拒絕每每衝擊著孩子的認知與判斷，若我們的孩子敏感覺察到這些，更願意深思探索，大人該怎麼支持同學眼中的「怪咖」呢？

或許主角的經歷能給我們一些方向：查理後來結交到兩位性格開朗、思想層次也能互爲呼應的一對兄妹，這兩位比查理大兩三歲的朋友，不僅能理解多愁善感的查理爲何哭泣，也開啓他對其他人生命的好奇與觀察，不再受困於自己的經驗，得以繼續探索觀察人生。

英文老師比爾看出查理的早慧與煩惱也是重要關鍵，比爾不斷提供給他各類小說，並透過撰寫心得報告和互動討論，提供查理思考角度，紓解他的成長疑惑。

不少案例提醒我們，在鼓勵孩子開展人際關係時，千萬不能只著眼於身旁的團體。這種隨機分班的成員組合靠緣分運氣，眞正能心靈相通的朋友，未必只有同班同學或同年紀的人。生活圈外的朋友、或是忘年之交，也許更適合自己。

壁花怪咖們需要的，絕非融入派對式的熱鬧團體，如大風吹般的現實友情只會讓他們增加更多煩惱。從查理的故事來看，不同人生階段或是擁有共同興趣的朋友，才能支持他度過一次又一次的卡關時期。

別以爲怪咖就不會做那些讓大人蹙眉憂心的事，查理在這三年裡也學會抽菸、呼過幾次大麻、坐朋友開的小貨車在隧道裡飆車……隨著查理的字裡行間，我們也更能了解查理做這些事的來龍去脈，那些起心動念帶給他什麼感受與改變。

最重要的是，我們實在不必擔心一個會思考的孩子沉淪墮落。有時孩子自己選擇的經歷，正是他們大步往前的推力。

查理曾提到英文小說裡的一句話：「我可以爲你而死，但我不能爲你而活。」他理解到唯有自己親身「參與」所有事情，才有機會跟人互動、做出抉擇。

時間不會因爲個人原地打轉而停止，接踵而來的考驗也不會軟弱逃避而比較仁慈。其實誰沒帶著過去的影響，而走到屬於未來的現在呢？

誰說怪咖就是魯蛇？《壁花男孩》最後，查理破蛹而出的透亮智慧，鼓舞著所有和他一樣的人。他終於相信自己會過得很好，就算偶爾還是有不好的時候，一定也會很快就過去了。這麼簡單的人生道理，似乎耳熟能詳俯拾即是，但說真的，沒有經過這一大段路的原地打轉，孩子會發自內心的相信自己嗎？

給孩子的思考讀書會

PART1／文本內容分析與對焦

①派屈克和珊第一次和查理認識的時候，他們如何和查理互動，讓他感到非常友

善、安心？

②爲什麼派屈克認爲查理是「壁花」，大家也一致認同，派屈克的解釋是什麼意思呢？

③爲什麼布萊德發現自己是同性戀後那麼難過？爲什麼後來又回頭去找派屈克，但不願告訴別人他們的關係？

④海倫阿姨對查理的影響是什麼？從書裡的自白描述中更具體的形容出來。

PART2／發展自我的看法與價值觀

①書中查理寫到自己說著說著就哭起來了，查理似乎很容易多愁善感，你會覺得查理是什麼樣個性的人？如果你的朋友也是這樣，你會覺得尷尬嗎？

②媽媽跟查理姊姊說：「不准再說誰是你的全部，就連我也不是。」這句話是什麼意思？他們堅決要查理姊姊跟打人男友分手，你覺得這樣好不好？

③你想不想讀一讀比爾開給查理看的書單？或者揣摩一下比爾想傳達什麼訊息給

查理？你會想跟查理分享哪本你愛的書呢？

④如何判斷喜歡一個人是愛情還是友情？查理與珊之間的情誼你認為是什麼呢？你會怎麼判斷自己的感受呢？

PART3／回應現實生活的考驗

①你有沒有什麼事必須保密、不能告訴別人但又想說得要命？你通常會怎麼做呢？如何判斷到底該不該保密呢？

②查理有封信裡回憶家人與他分享的往事，並想像未來也會和孩子回憶自己的「燦爛時光」。到目前為止的生活裡，有沒有可以成為你蒐集的燦爛時光的往事呢？

③查理在大家族聚會時仔細觀察每個人並了解他們背後的重要往事，藉此讓他對大家的行為有更多的理解。你也會這麼做嗎？有沒有哪位親戚就是令人討厭，你想過為什麼他是這樣的人嗎？

④你同意查理說的我們無權選擇自己的出身，卻有權選擇今後的人生這句話嗎？這句話是什麼意思？生活中該怎麼實踐這句話？

延伸對話

我：「大家有遇過像這樣的壁花男孩嗎？」

A：「我們班有那種沒什麼朋友的，但我不知道他有沒有想那麼多耶。」

B：「對啊，我覺得我們班有個女生可能是壁花女孩，她也會寫一些我們都看不懂的詩，可是老師都覺得她寫得很好想得很深，可是我們覺得很無聊。」

C：「還好查理有碰到那對兄妹，不然他在學校很難撐下去。」

我：「我很好奇，大家認為自己可以控制腦袋想什麼嗎？」

A：「可以叫自己不要想吧，但好像不能知道自己會怎麼想。」

B：「叫自己不要想是逃避吧，有些事你就是會多想，有些真的沒感覺，所以我覺得自己不能控制大腦。」

C：「明明科學就說大腦是人的中樞啊，是大腦控制我們啦。老師，你說對不對？」

我：「這樣說來，我原本問的『自己』好像不是大腦，應該是……靈魂之類的那種自己。嗯，我認為我不能控制耶，但我不知道大腦和靈魂怎麼分工的，總之『我』有想法或感覺，都是來自它們運作的結果，只是因為它們都存在一個軀殼裡面，所以就變成了『我』。」

A：「喔，好複雜喔，我聽不懂。」

B：「老師，那你問自己能不能控制大腦，到底想問什麼？」

我：「我只是在想，『想太多』是自己能喊停的嗎？如果不是，壁花男孩其實就是被老天點到要想很多的人啊，不能說一定是幸運，但至少應該算是特別的吧。『特別』這件事對你們有意義嗎？」

C：「有啊，我喜歡自己很特別的感覺，只要不是特別衰就好。」

A：「我還是聽不懂，但我也喜歡特別。」

B：「特別ㄎㄧㄤ嗎？」

我：「像你說的ㄎㄧㄤ字，也是後來才發明出來的耶。人生不就是尋找自己獨一無二、很特別的地方嗎？我覺得壁花男孩查理的故事，就是因為他發現自己有多『特別』的過程吧！因為這世上真的有很多像A這樣聽不懂的人啊，大家說對不對啊！」

A：「可惡我被虧了，我決定明天開始變成『卡特殊』的人！」

閱讀書單

第一章　閱讀的第一現場，大人小孩不一樣

（以＊號標示者為額外推薦的書單）

書名	作者	出版年份／出版社
給父母的教養書單		
《孩子與惡》	河合隼雄	2016年／心靈工坊
《閱讀孩子的書》	河合隼雄	2017年／心靈工坊
《當下的父母》	蘇珊．史帝佛曼	2019年／橡實文化
《棉花糖女孩》	Leonard Sax	2011年／遠流
《浮萍男孩》	Leonard Sax	2008年／遠流
《陪伴孩子的情緒障礙》	王意中	2019年／寶瓶文化

《小說藥方》	艾拉・柏素德 蘇珊・艾爾德金	2019年／麥田
《故事藥方》	艾拉・柏素德 蘇珊・艾爾德金	2018年／小麥田
＊《撒下一顆善的種籽》	蘇怡・威爾	2006年／阿布拉文化
＊《跟阿德勒學正向教養——青少年篇》	簡・尼爾森	2017年／大好書屋
＊《為什麼青少年都衝動？》	大衛・華許	2017年／張老師文化
＊《被禁止的事——所有不可以，都是思考的起點》	羅怡君	2015年／寶瓶文化
＊《說書人和他的閱讀處方箋》	米凱爾・烏拉斯	2018年／商周出版
＊《權力》	奧修	2014年／麥田
＊《愛還是錯愛》	顏擇雅	2015年／親子天下
＊《眠月之山》	費爾・車諾高夫斯基 何英傑	2015年／遠流

給父母的小說書單		
《漢娜的遺言》	傑伊．艾夏	2017年／春天
《生命清單》	羅莉．奈爾森．史皮曼	2015年／悅知文化
《大聲說幹的女孩》	安—索菲．樂莎傑 芳妮．樂莎傑	2019年／聯合文學
《阿嬤要我跟你說抱歉》	菲特烈．貝克曼	2017年／天培
《孩子們》	伊坂幸太郎	2017年／獨步文化
《孽子》	白先勇	1992年／允晨文化
《以你的名字呼喚我》	安德烈．愛席蒙	2018年／麥田
＊《我在你身邊》	喜多川泰	2019年／三民
＊《聽說桐島退社了》	朝井寮	2013年／貓頭鷹出版
＊《82年生的金智英》	趙南柱	2018年／漫遊者
＊《杏仁》	孫元平	2018年／皇冠

＊《鱷魚手記》	邱妙津	2006年／印刻
＊《判決》	伊恩．麥克尤恩	2015年／麥田
＊《星期五的書店》	名取佐和子	2018年／獨步文化
＊《解憂雜貨店》	東野圭吾	2018年／皇冠
＊《在森崎書店的日子》	八木澤里志	2017年／馬可孛羅
＊《生活是頭安靜的獸》	伊麗莎白．斯特勞特	2016年／寶瓶文化
給孩子的小說書單		
《神啊，你在嗎？》	茱蒂．布倫	2019年／小麥田
《極度天真》	艾連．盧	2014年／遠流
《堅強淑女偵探社》系列	亞歷山大．梅可．史密斯	2006年／遠流
《手推車大作戰》	琴．麥瑞爾	2016年／遠流
《小偷》	王淑芬 圖：徐至宏	2014年／巴巴文化
＊《悄悄話派對》	賈桂琳．威爾森	2017年／小天下

＊《獵書遊戲》系列	亞歷山大・梅可・史密斯	2016年／親子天下
＊《三個問號偵探團》系列	晤爾伏・布朗克	2013年／親子天下
＊《西奧律師事務所》	約翰・葛里遜	2011年／遠流
＊《畫仙》系列	陳郁如	2019年／親子天下
＊《月光三部曲I：淡水女巫的魔幻地圖》	張嘉驊	2012年／四也出版
＊《有人在鹿港搞鬼》	鄭宗弦	2015年／四也出版
＊《瘋狂樹屋52層：潛入蔬菜王國大冒險》	安迪・格里菲斯	2016年／小麥田
＊《東方快車謀殺案》	阿嘉莎・克莉絲蒂	2010年／遠流
＊《海龍・改改》	張國立	2017年／巴巴文化

第二章　這些情節，是孩子成長的重要養分

（以＊號標示者為額外推薦的書單）

書名	作者	出版年份／出版社
想要離家出走		
《彼得與他的寶貝》	莎拉・潘尼帕克	2017年／小麥田
《尋找阿嘉莎》	艾米・汀柏蕾	2015年／小天下
如果可以重來		
《瓶中迷境》	Meg Wolitzer	2016年／親子天下
《第N次11歲的生日》	溫蒂・梅斯	2015年／小麥田
《出事的那一天》	瑪利安・丹・包爾	2001年／東方
《洞》	路易斯・薩奇爾	2015年／小魯文化

想像力就是你的超能力		
《瑪蒂達》	羅德・達爾	2016年／小天下
《強尼的神奇種子》	馬克・吐溫 菲立普・史戴	2018年／小麥田
《13歲的超能力》	英格麗・羅	2009年／小天下
《會寫詩的神奇小松鼠》	凱特・狄卡密歐	2014年／東方
＊《吹夢巨人》	羅德・達爾	2016年／小天下
＊《飛天巨桃歷險記》	羅德・達爾	2016年／小天下
＊《巧克力冒險工廠》	羅德・達爾	2016年／小天下
青春就是一場華麗的冒險		
《少年鱷魚幫》	麥斯・范德葛林	2012年／親子天下
《單車迷魂記》	廖炳焜 圖：廖若凡	2017年／小魯文化
《泡泡紙男孩》	菲力・厄爾	2015年／小麥田

無聊卻有意義的鳥日子		
《悶蛋小鎮》	張友漁	2013年／親子天下
《湯姆歷險記》	馬克・吐溫	2018年／東方
《通心粉男孩》	安德里亞斯・史坦哈弗	2016年／遠流
《作文裡的奇案》	伊夫・葛維	2016年／小魯文化
《一點點機會》	辛西亞・洛德	2017年／小天下
《祕密地圖》	安德魯・克萊門斯	2015年／遠流
普渡自己的黑色幽默		
《奧黛莉的青春狂喜劇》	蘇菲・金索拉	2015年／天下文化
《無頭蟑螂的狗日子》	大衛・卡曾斯	2014年／親子天下
《倪亞達》	袁哲生	2010年／布克文化

回歸大地之母的心靈療法		
《藍色海豚島》	司卡特・歐德爾	2018年／東方
《手斧男孩》	蓋瑞・伯森	2012年／野人
《柳林中的風聲》	英格・莫爾	2010年／國語日報
《樹上的時光》	韓奈德	2018年／寶瓶文化
《狂奔》	麥克・莫波格	2017年／小魯文化
給父母的閱讀書單		
《轉大人的辛苦》	河合隼雄	2016年／心靈工坊
《青春期的腦內風暴》	法蘭西斯・詹森 艾蜜・依莉絲・納特	2018年／高寶
《無聊的魅力》	艾倫・狄波頓	2014年／先覺
《越無聊，越開竅》	瑪諾什・佐摩羅迪	2018年／天下雜誌
《失去山林的孩子》	理查・洛夫	2014年／野人

《別怕孩子被熊吃掉》

彼得・布朗・霍夫梅斯特

2015年／華文精典

第三章　用閱讀打暗號，從共讀中培養溝通默契

（以＊號標示者為額外推薦的書單）

書名	作者	出版年份／出版社
當孩子說謊		
《發癢的天賦》	莫里斯・葛萊茲曼	2010年／遠流
＊《轉學生的惡作劇》	喜多川泰	2015年／野人
＊《從謊言開始的旅程》	喜多川泰	2017年／野人
＊《謊言樹》	法蘭西絲・哈汀吉	2017年／青林
當孩子不聽話		
《魔法灰姑娘》	蓋兒・卡森・樂文	2007年／小魯文化
＊《馬克的完美計畫》	丹・哥邁哈特	2017年／小天下
當孩子面對親人死亡		
《雪山男孩與幻影巨怪》	琳達・紐伯瑞	2016年／小麥田

*《怪物來敲門》	派崔克・奈斯 莎帆・多德	2012年／聯經
*《檸檬圖書館》	喬・柯特李爾	2018年／遠流
當孩子犯下大錯		
《阿國在蘇花公路上騎單車》	張友漁	2016年／親子天下
*《夏天最後的日記》	李庚惠	2015年／小麥田
*《沉默到頂》	柯尼斯柏格	2003年／東方
當孩子受挫、自信低落		
《那又怎樣的一年》	蓋瑞・施密特	2017年／小天下
*《尋找無限的盡頭》	約翰・葛林	2018年／尖端
*《贏家》	傑瑞・史賓尼利	2018年／小魯文化
當孩子受朋友影響		
《小步小步走》	路易斯・薩奇爾	2013年／小魯文化

＊《好朋友大對決》	安德魯・克萊門斯	2019年／遠流
＊《四個第一次》	佐藤牧子	2007年／東方
當孩子沉迷網路		
《孤狗少年》	陳榕笙 圖：王淑慧	2017年／四也文化
＊《WWW.我的青春日常》	黑立言	2017年／天下文化
＊《貓臉少女》	陳榕笙	2019年／四也文化
當孩子被霸凌		
《別告訴愛麗絲》	凱西・卡瑟迪	2017年／親子天下
＊《羊孩子》	布洛克・柯爾	2014年／博識
＊《巧克力戰爭》	羅柏・寇米耶	2008年／遠流
＊《14歲的SOS》	林慧樹	2012年／文經社
＊《在我們墜落之前》	凱蜜・麥葛文	2016年／遠流
＊《簡愛、狐狸與我》	芬妮・布莉特	2017年／字畝文化

當孩子遇見特殊兒童		
《夏日大作戰》	貝瑟妮・克蘭黛兒	2016年／幼獅文化
＊《奇蹟男孩》	R・J・帕拉秋	2017年／親子天下
＊《芒果貓》	溫蒂・梅斯	2008年／小魯文化
＊《月亮都是一樣的》	艾黎・泰瑞	2018年／博識圖書
＊《爬樹的魚》	琳達・茉樂莉・杭特	2016年／小天下
當孩子對金錢感興趣		
《小狗巴克萊的金融危機》	丹尼爾・列維廷	2012年／遠流
＊《12歲那天，我賠光了老爸的帳戶》	艾莉莎・布蘭特・懷絲曼	2017年／大寫出版
＊《檸檬水戰爭》系列	賈桂林・戴維斯	2018年／親子天下
＊《午餐錢大計畫》	安德魯・克萊門斯	2008年／遠流
當孩子面對長輩失智		

《就算爺爺忘記了》	大塚篤子	2013年／遠流
*《穿越時空的靈魂》	彭素華	2015年／小兵
當孩子覺得自己是怪咖或魯蛇		
《壁花男孩》	史蒂芬．切波斯基	2010年／高寶書版
*《魯蛇俱樂部》	安德魯．克萊門斯	2017年／遠流
*《怪咖三人組系列》	麥可．佛萊	2016年／小麥田

封面圖檔由小天下、小麥田、小魯文化、允晨文化、天培文化、巴巴文化、心靈工坊、四也文化、幼獅文化、東方、春天、悅知文化、高寶書版集團、國語日報、野人、麥田、獨步文化、遠流、橡實文化、聯合文學、親子天下、寶瓶文化等各家出版社提供。

Eurasian Publishing Group
圓神出版事業機構
用心與你對話・視野無限寬廣
如何出版社
Solutions Publishing

www.booklife.com.tw　　reader@mail.eurasian.com.tw

Happy Family 078

孩子的人生成長痛，小說有解

作　　者／羅怡君
發 行 人／簡志忠
出 版 者／如何出版社有限公司
地　　址／台北市南京東路四段50號6樓之1
電　　話／（02）2579-6600・2579-8800・2570-3939
傳　　真／（02）2579-0338・2577-3220・2570-3636
總 編 輯／陳秋月
主　　編／柳怡如
專案企劃／沈蕙婷
責任編輯／丁予涵
校　　對／丁予涵・柳怡如
美術編輯／林韋伶
行銷企畫／詹怡慧・朱智琳
印務統籌／劉鳳剛・高榮祥
監　　印／高榮祥
排　　版／陳采淇
經 銷 商／叩應股份有限公司
郵撥帳號／18707239
法律顧問／圓神出版事業機構法律顧問　蕭雄淋律師
印　　刷／祥峰印刷廠
2019年10月　初版

定價 280 元　　ISBN 978-986-136-542-8

小說，是寫給熱愛生命的人，讓他們在閱讀的同時，能夠有機會遭遇困境挫折、感受痛苦歡樂，讓他們能與世界連結，認真度過每一分一秒。

——《孩子的人生成長痛，小說有解》

國家圖書館出版品預行編目資料

孩子的人生成長痛，小說有解／羅怡君 著.
-- 初版. -- 臺北市：如何，2019.10
248 面；14.8×20.8 公分. --（Happy Famliy；78）
ISBN 978-986-136-542-8（平裝）

1.推薦書目 2.親職教育 3.小說

012.3　　108014513